Carl Dempwolff

**Vor und hinter den Kulissen**

Skizzen und Erinnerungen - 5. Band

Carl Dempwolff

**Vor und hinter den Kulissen**
*Skizzen und Erinnerungen - 5. Band*

ISBN/EAN: 9783744618533

Hergestellt in Europa, USA, Kanada, Australien, Japan

Cover: Foto ©ninafisch / pixelio.de

Weitere Bücher finden Sie auf **www.hansebooks.com**

# Clara Ziegler.

Ob die Wiener, als sie im vorigen Jahre bei dem Gastspiel des Fräulein Clara Ziegler sich vor lauter Enthusiasmus über die classischen Gebilde der eminenten Künstlerin schier toll und närrisch geberdeten, als die Billets zu diesen Gastvorstellungen zu wahnsinnigen Preisen an der Börse gehandelt wurden, wohl eine Ahnung davon gehabt haben, daß die große Tragödin vor nicht gar zu langer Zeit noch Offenbach gesungen, getanzt und gespielt hat? Ich glaube schwerlich. Und doch ist es mir, als wenn es gestern Abend gewesen wäre, wie ich Fräulein Ziegler zum erstenmal gesehen und zwar als öffentliche Meinung im Offenbach'schen „Orpheus." Damals — es war im Jahre 1865 — war freilich unser Actientheater, das jetzt längst in Concurs gefallen, in diesen Tagen unter den Hammer des Auctionators kommen wird, noch in schönster Blüte, es waren freundliche, helle, heitere Tage, die damals über den Gärtnerplatz aufgingen.

Minna Wagner, die kecke, blonde, liebenswürdige Soubrette, hatte auch die viel kühleren Münchener im Sturm erobert und ihr Name auf dem Zettel brachte allemal ein volles Haus. Sie gab die Eurydice und ihr Auftreten in der damals in München noch neuen Rolle war es, was mich in das von meiner Wohnung sehr entfernte Theater gelockt hatte. Ueberdies hatte man von dem „Orpheus" so viel erzählt, jede einzelne Decoration war schon im Publicum bekannt, noch ehe sie ein Mensch gesehen, man sprach von ganz neuen Maschinen, von der Herrlichkeit des Olymps, von dem großen Bacchanal, von dem Götter-Cancan und was weiß ich, von was noch für Ueberraschungen; was Wunder, daß das Theater bis in's Paradies hinauf überfüllt war.

Die Ouverture in ihrer frischen kecken Originalität, mit den packenden Melodien sprach schon ungeheuer an, der Vorhang rollte auf und die prachtvolle griechische Landschaft, von Jank's Meisterhänden gemalt, zeigte sich unter allgemein bewundernden Ah's und Oh's.

Da trat aus dem Hintergrunde des reizenden Getreidefeldes eine sehr stattliche Figur, die Geißel in der einen Hand, die andere leicht und graziös den Zipfel der weiten weißen Toga haltend, auf dem prachtvollen schwarzen Haar wiegte sich keck die alt-griechische Mütze, das — pardon meine schöne Leserinnen — etwas sehr kurze Röckchen zeigte einen stolzen ebenmäßigen Gliederbau, dem ich in der Erinnerung nur den der herrlichen Amazone im Vatican an die Seite zu setzen wüßte. Bei den ersten Lauten der etwas tiefen, fast männlich-starken Stimme schwieg Alles und Fräulein Clara Ziegler — sie war die öffentliche Meinung — sprach ihren das Stück einleitenden Prolog in einer Weise, welche die tüchtige Künstlerin zeigt.

Der Abend ging vorüber, wie alle andern, das Publicum lobte und applaudirte, wie selten zuvor, Minna Wagner, die kleine liebenswürdige Fee (jetzt der Liebling des Carltheaters in Wien), verschwendete alle Schätze ihres drolligen Humors, Carl Weiß, der treffliche Komiker (jetzt an der Coburger Hofbühne) war ergötzlicher als je in der Rolle des Jupiter — alles das, alle die Decorations- und Sceneriewunder gingen ziemlich spurlos an mir vorüber, mich interessirte in erster Linie nur das seltsame Mädchen, das die öffentliche Meinung spielte und das so gar nicht an seinem richtigen Platze zu sein schien, das so prächtig aussah, so schön sprach und so entsetzlich sang.

Ja, es muß heraus, hätte Fräulein Ziegler die Carrière einer Offenbach-Sängerin verfolgt, sie würde schwerlich Lorbeeren eingeerntet haben, denn so kräftig und voll ihre Stimme beim Sprechen auch klingt, so schwach und tonlos ist sie beim Singen, und es macht einen gar traurig-possirlichen Eindruck, aus so gewaltigem Körper so ein dünnes Stimmchen zu hören. Trotz alledem hatte mich die Künstlerin unendlich gefesselt und ich versäumte keine Vorstellung, in der sie zu thun hatte. Die Direction stellte sie vielfach in kleinen Lustspielen und Conversationsstücken heraus, in denen sie allerdings nichts verdarb, aber doch noch immer nicht an ihrem richtigen Platze war. Der Rahmen war zu klein für das gewaltige Bild, es war immer, als habe man einen Pegasus vor einer Droschke gespannt, und man fürchtete jeden Augenblick, daß das göttliche Roß jetzt, jetzt seine Flügel ausspannen und das elende Gefährt hinter sich lassen werde.

Da kam ein neues Stück, eines von jenen Preisstücken, deren das Actientheater bei seiner ausgeschriebenen Concurrenz circa 200 eingesendet bekommen hatte, und von denen das Preisgericht circa 10 aufführen ließ. Das Schauspiel hieß „In Ketten" und war von jenem Vacano verfaßt, der als eine der fragwürdigsten, abenteuerlichsten Erscheinungen in unserer Tagesliteratur herumspukt, bald Bücher liefert, die das Verbrennen nicht werth sind, bald wieder einzelne Novellen schreibt,

1 *

die zu den Besten gehören, was unsere Tagesliteratur aufzuweisen hat.

Ich war von vornherein auf das Stück gespannt, weil der Autor desselben es in vollendeter Weise verstanden hatte, über sich die abenteuerlichsten Gerüchte zu verbreiten. Die Einen sagten, er sei ein verkommener Schauspieler, der als Statist am Burgtheater und später, als er selbst diesen Ehrenposten nicht mehr ausfüllen konnte, in der nämlichen Eigenschaft an ein kleines österreichisches Provinztheater — ich glaube in Brünn — gekommen sei. Andere behaupteten wieder, dieser Vacano sei eigentlich gar kein Schauspieler, sondern ein Kunstreiter und wieder doch kein Kunstreiter, sondern eine Kunstreiterin, die unter dem Namen Miß Ella in Europa und Amerika die wunderlichsten Abenteuer gehabt und viele Triumphe gefeiert habe. Wieder Andere erzählten noch viel Schlimmeres und wollten den Schriftsteller in eine Menschenclasse setzen, über die uns Assessor Ulrichs in Würzburg die seltsamsten Aufschlüsse gegeben; ich selbst erinnere mich, eine von dem Verfasser unterzeichnete Novelle gelesen zu haben, in welcher er oder sie schildert, wie er oder sie in Venedig in einen österreichischen Husaren-Officier sterblich verliebt gewesen ist. In der Geschichte liefen die Geschlechter so seltsam durcheinander, daß mir zuletzt ganz wirbelig zu Muthe war und ich das Buch schließlich an die Wand warf.

Dem sei nun, wie ihm wolle. Das Stück stand auf dem Zettel, der Name des Autors darunter, und das Stück war nicht schlecht. Eine Jugendarbeit zwar, unfertig, hin und wieder roh und sich überstürzend, aber voll Sturm und Drang, voll Feuer und Leidenschaft und reich an neuen interessanten und spannenden Scenen. Der Inhalt des Stückes ist bald erzählt: Eine ehemalige Lorette wird durch eine seltsame Verkettung von

Umständen die Frau eines ruſſiſchen Großen und trifft beim Eintritt in das Schloß ihres Gatten in dem Verlobten ihrer angeheiratheten Tochter den Mann ihrer einzigen wahren Liebe, deſſen Untreue ſie auf die Bahn des Laſters getrieben hat. Die daraus entſtehenden Conflicte, welche durch das Hineinragen der polniſchen Revolution und die Contraſte zwiſchen Ruſſen= thum und Polenthum natürlich noch zugeſpitzt werden, mag man ſich ſelber denken, mir ſind dieſelben nur der Rahmen zu dem gewaltigen Bilde, das Fräulein Ziegler aus dieſer Gräfin machte. Jetzt erſt ſah ich ſie zum erſtenmal an ihrem richtigen Platze und an dieſem ſo hoch intereſſanten Abend ging mir die ganze Bedeutung, welche das ſeltene Mädchen für das deutſche Drama haben ſollte, vorahnend auf. Zwar war auch ihre Leiſtung keine fertige, ſie war wie das Stück voll Sturm und Drang, voll Glut und Leidenſchaft, hin und wieder nicht ausgearbeitet, an wichtigen Momenten vorübergehend und ſich mit aller Energie auf weniger Bedeutendes ſtürzend — aber durch und durch originell uud ſelbſt da, wo ſie irrte, getragen und gehoben von unverkennbarem Talent, von einer ſo zwin= genden Genialität, daß Niemand im weiten Zuſchauerraum ſich des gewaltigen Eindruckes erwehren mochte. Wo das Ba= cano'ſche Stück auch ſonſt noch gegeben ſein mag, es kann nirgends eine glänzendere Vertretung in der Hauptrolle gefunden haben, und von dem Tage an wendete ſich eben das Geſchick der Künſtlerin in glänzender Weiſe. Nach einander brachte ſie jetzt, ſoweit es das beſchränkte Repertoir des Actientheaters, das bekanntlich keine claſſiſchen Dramen geben darf, zuließ, die bedeutendſten Rollen, von denen uns noch die Donna Diana, Deborah, die Marguerite in der „Cameliendame" und die Pietra in lebhafter Erinnerung ſtehen.

In unſern Aufzeichnungen blätternd, fällt uns ein vergilbtes

Blatt in die Hand, es ist das Morgenblatt der „Baierischen Zeitung" vom 18. August 1866, in welchem folgende Zeilen stehen:

„Mosenthals: „Pietra," am vergangenen Mittwoch im Actientheater zum erstenmal gegeben, brachte dem Publicum einen sehr genußreichen Abend und dem Institut ein volles Haus. Ueber das Drama selbst ist in diesen Blättern schon eingehend gesprochen worden, es bedarf daher nur der Erwähnung, daß dieser Abend sich für die höchst talentvolle Darstellerin der Titelrolle zu einem wahren Triumph gestaltete."

„Wir glauben, Fräulein Ziegler eine glänzende Zukunft prophezeien zu dürfen, und können nicht umhin, die Verwaltung unseres königl. Hof- und Nationaltheaters auf das Dringendste darauf aufmerksam zu machen, daß sie lange wird suchen dürfen, das in der Ferne zu finden, was Fräulein Ziegler in nächster Nähe ihr bieten würde."

Es galt nämlich damals, für die aus dem Verband des Hoftheaters ausscheidende Frau Straßmann-Dambök einen Ersatz zu finden, und die Intendanz machte alle möglichen Versuche, ließ berühmte und unberühmte Heldinnen in schwerer Anzahl kommen, aber keine gefiel, und das Fach der ersten Heldinnen blieb verwaist, bis zwei Jahre später Fräulein Ziegler, die man trotz unseren mehrfachen schriftlichen und mündlichen Aufforderungen damals zu berufen nicht beliebt hatte, weil sie auf dem Actientheater thätig war, endlich doch eintrat und damit dem Schauspiele unseres königlichen Institutes einen so bedeutenden Aufschwung gab. 1866 hätte man die damals noch wenig gekannte Schauspielerin freilich billiger haben können, als 1868 die gefeierte Künstlerin; man hätte sie nicht erst nach Leipzig ziehen zu lassen brauchen, und sich erst von der Leipziger Kritik von der Bewunderung und dem lauten Enthusiasmus des Publicums von Hamburg, Wien, Berlin und anderer großer Städte für die Bedeutung des heimischen Talentes Brief und Siegel geben zu lassen brauchen. Aber schließlich haben wir sie ja doch, und die Geld- und Zeitdifferenz ist lediglich der Künstlerin zu Gute gekommen, und die Intendanzen haben ja immer so viel Geld!

Das heimische Talent ist aber still und friedlich in einem Münchner Bürgerhause groß geworden, groß eigentlich nur in körperlicher Beziehung, denn getreu dem alten Worte: „kein Prophet im Vaterlande" hat auch bei Fräulein Ziegler erst die Fremde ihr den Ruhm gegeben, den die Heimat ihr so eigensinnig und hartherzig verweigerte. Diese körperliche Größe, welche die Journale gar nicht genug preisen können, und welche in der That der Künstlerin bei den großen Aufgaben der Tragödie, wie Medea, Brunhilde, Jungfrau, Judith in seltener Weise zu statten kommt, und ihrer Erscheinung in Wahrheit etwas Königliches, über die Menge Herausragendes giebt, und sie so recht eigentlich zur Lösung dieser höchsten Aufgaben der Kunst präbestinirt erscheinen läßt, war gleichwohl zuerst für sie ein schier unüberwindliches Hinderniß. Die kleinen Bühnen, welche sich natürlich wenig mit classischen Dramen befassen, konnten die stattliche Figur, die um eines Hauptes Länge die anderen Mitglieder überragte, kaum verwenden, und selbst auf den bedeutendsten Theatern führte diese von einer gütigen Gottheit der Künstlerin verliehene prachtvolle Figur die unangenehmsten und doch wieder drolligsten Situationen herbei. In der That dürfte es wenige große Theater in Deutschland geben, an denen Helden und Liebhaber wirken, die Fräulein Ziegler gewachsen sind und zwar in physischer und psychischer Beziehung. In München fällt dies nicht auf, da auch Herr Rüthling, der

Held des Schauspiels, sich einer ansehnlichen Statur erfreut, es soll aber an einem der ersten Institute in Deutschland (man sagt in Wien) vorgekommen sein, daß, als von einem Engagement der großen Schauspielerin gesprochen wurde, der erste Held auf die Intendanz gelaufen sei und diese mit Thränen im Auge angefleht habe, von diesem Engagement abzusehen, da er, der doch hauptsächlich mit ihr zu spielen haben werde, ihr kaum bis an die Schulter reiche und jedes Mal ausgelacht werden müsse, wenn er neben ihr heraustrete. Diese ansehnliche Leibesgröße scheint aber in der Familie Ziegler erblich zu sein, denn Fräulein Ziegler hat noch eine, oder sogar mehrere Schwestern, welche ihr nicht nur an stattlicher Größe gleichkommen, sondern sogar im Aeußern so zum Verwechseln ähnlich sind, daß man im Actientheater, ich weiß nicht gleich in welchem Stücke, wo eine derartige Aehnlichkeit zweier verschiedenen Personen erforderlich ist, eines schönen Abends zwei Schwestern Ziegler zugleich auf den Brettern sah, und kein Mensch unterscheiden konnte, welche von Beiden eigentlich die Schauspielerin war. Die Künstlerin selbst erzählte mir nach ihrer Zurückkunft von Wien lachend, daß sie, wenn sie mit ihrer Doppelgängerin, mit ihrer Schwester, in Wien spazieren gegangen sei, ihre beiderseitige Erscheinung mehrmals ein solches Aufsehen erregt habe, daß sie sich hätten in einen Fiaker flüchten müssen.

Clara Ziegler hatte aber noch schlimmere Hindernisse zu überwinden als die, welche ihre stattliche Figur ihr in den Weg legte. Zuerst hatte sie ihre ganze Familie gegen sich, die vom Theater nichts wissen wollte. Man muß eben die Münchener Verhältnisse am Ende noch der fünfziger und am Anfang der sechziger Jahre kennen, um zu begreifen, mit welchem Widerwillen ein gut situirtes, solides Bürgerhaus auf das

Theater und Alles, was damit zusammenhängt, blickte. Man ging wohl auch hin und wieder in ein schönes Stück in's Volkstheater in der Au, oder in das der Müllerstraße, ja, man verstieg sich wohl gar zum Besuche einer Oper im Hoftheater, und man amusirte sich herrlich dabei, aber von den Leuten, denen man das Amusement eigentlich verdankte, wollte man nichts wissen, und der eigentliche Bürgerstand hielt sich von alle dem, was an die Komödie erinnerte, sehr fern, denn gerade das Gewerbe mochte als Miethsherr oder als Arbeiter für die Schauspieler und Schauspielerinnen wohl manche unangenehme Erfahrung gemacht haben und sogar heute noch verschmäht es die gute Gesellschaft, wenn man in München überhaupt von einer solchen sprechen kann, selbst die hervorragendsten Mitglieder des Hoftheaters in ihre Kreise zu ziehen, und das Theater selbst lebt ziemlich exclusiv unter sich.

Clara Ziegler durfte also von ihrem Entschluß, sich dem Theater widmen zu wollen, im Kreise ihrer Familie nichts verlauten lassen und bildete sich auf längeren Spaziergängen in Begleitung ihrer Schwester, — welche längere Spaziergänge, die als Gesundheit fördernd tagtäglich gemacht wurden, in der That aber nicht in's Freie, sondern in die Wohnung des Schauspielers Christen gingen — zur Künstlerin aus.

Was diese Christenlehre, wie sie ein hier gangbares bon mot tauft, für Resultate gehabt hat, weiß die ganze Welt, aber nur Wenige außerhalb München kennen den trefflichen Künstler, unstreitig den bedeutendsten der Münchner Hofbühne, dem es doch vorzugsweise zu danken ist, daß Clara Ziegler das geworden, was sie zur Zeit ist. Christen, obwohl einer der tüchtigsten Künstler, die wir je auf den Brettern gesehen, ist seltsamerweise doch wieder einer der bescheidensten Menschen, was um so mehr hervorzuheben ist, als Bescheidenheit und wirkliche

Bedeutendheit gerade im Schauspielerstande so wenig vereint vorkommen. Christen hat wenig außerhalb Münchens gespielt, sonst wäre sein Name jedenfalls einer der glänzendsten der deutschen Bühne. Was er speciell dem Münchener Hoftheater ist, das wissen alle Besucher desselben recht wohl; wir verfolgen die Leistungen des genialen Künstlers jetzt auf eine Reihe von fast zwanzig Jahren zurück und danken ihm so manchen wahren Genuß mit diesen wenigen Worten herzlicher und aufrichtigster Anerkennung. Daß ein hochbegabtes Mädchen, wie Clara Ziegler, mit den eminentesten natürlichen Vorzügen ausgestattet, gerade in diese Schule kam, die in erster Linie zu den wenigen zählt, in denen noch die gute, alte, echte Kunst der Menschendarstellung gelehrt wird, ist ein Glück für die Künstlerin, das sie gar nicht hoch genug anschlagen darf. Gerade ihrem ganzen Sein und Wesen lag die Gefahr nahe, in hohles Pathos, in leere Declamation zu verfallen; der glückliche Realismus, die unverwüstliche Objectivität, die Christen's wesentliche Vorzüge sind, haben es allein vermocht, diese Gefahr für die talentirte Schülerin sehr wesentlich zu vermindern, hoffentlich ganz zu beseitigen. Mir ist es oft ein rührendes Schauspiel gewesen, zu sehen, mit welch' ängstlicher Sorge der Lehrer die Schülerin überwachte. So manchmal habe ich im Actientheater weniger auf die Bühne, als auf den kleinen Herrn gesehen, der sich im dunkelsten Winkel des Stehparketts an die Wand lehnte und von seiner Schülerin kein Auge abwendete; was dort oben auf den Brettern von Fräulein Ziegler gut gemacht oder gefehlt wurde, zeichnete sich unfehlbar unten im lebendigen Mienenspiel ihres Lehrers ab.

Clara Ziegler hat verhältnißmäßig sehr früh die hohe Stufe erreicht, auf der sie jetzt steht, aber nicht ohne die härtesten Kämpfe.

Die Geschichte der blutigen Operationen, deren sich das willensstarke Mädchen fast mit Freudigkeit zweimal unterzog, als ein Halsübel ihre ganze Carriere in Frage zu stellen drohte, ist hier in München überall bekannt, ebenso daß sie, als in Folge dieser Operationen eine seitliche Neigung des Kopfes permanent zu werden drohte, sich eigenthümliche Halskrausen machte, die sie jedesmal, wenn der Kopf sich in die seitliche Richtung neigte, empfindlich stachen, wodurch sie auch das Uebel überwand. Weniger bekannt sind die harten Enttäuschungen, die ihr das Bühnenleben in eben so reichlichem Maße brachte, wie jeder andern Künstlerin. Was mußte es dem für die höchsten Ziele ihrer Kunst begeisterten Mädchen für Ueberwindung gekostet haben, sich in Offenbach'schen Burlesken, in dummen Lustspielen, die eher Possen waren, herauszustellen! Dennoch hatte sie, als sie am Actientheater hier engagirt ward, schon das Schlimmste überwunden, hatte man sie in Breslau doch sogar von der Probe zurückgewiesen, angeblich als gänzlich untauglich — ein Herr von Bequignolles hat sich durch diese in rigorosester Form bewirkte Zurückweisung auf eigenthümliche Weise unsterblich gemacht — war sie doch auf einem österreichischen Theater in eine Komödiantenwirthschaft bösester Sorte gerathen.

Das Alles ist jetzt überwunden und selbst die Erinnerung daran soll die jetzt im freudigsten, lebendigsten Schaffen begriffene Künstlerin nicht mehr stören auf ihren sonnigen, glücklichen Wegen. Wenn Clara Ziegler jetzt Kraft und Geschick findet, die letzte, gefährlichste Klippe wahrer Künstlerschaft, das Virtuosenthum zu vermeiden, dann werden die Annalen deutscher Schauspielkunst bald einen Namen verzeichnen, dem an herrlichem Glanz sowohl, wie an innerem Werth Wenige gleichkommen dürften.

# Wiener Croquis Nr. 1.

## I. Beim kleinen Löwy.

Breying und Mebus am Graben in Wien, eine sehr empfehlenswerthe Restauration, ist jedem Fremden, der Wien besuchte, bekannt. Ich habe nur zweierlei an diesem berühmten Restaurant auszusetzen, einmal die unverschämten Preise und sodann die kleinen Biergläser, die wirklich einem baierischen Auge weh thun. O, diese Wiener! nicht nur haben sie schändlich kleine Gläser, die wie die Wasserbehälter in einem Vogelhäuschen aussehen, und von denen man eine unendliche Anzahl trinken muß, um nur einigermaßen seinen Durst zu löschen, sie schänken diese kleinen Gläschen auch nur halb voll, als ob sie Johannisberger Goldlack statt ihres Schwechater Bieres verzapften. Ich war im besten Zug, mich darüber zu ärgern, als mich mein Reisegefährte auf ein Inserat im „Fremdenblatt" aufmerksam machte. Das Inserat war einfach Folgendes: „Heute ist Samstag"! Unter dieser gewiß sehr interessanten Nachricht stand der Name Löwy. „Was will nun der Mensch damit sagen?" „Ich weiß es wahrlich nicht, da müssen wir schon einen Einheimischen darüber fragen." Mittlerweile erschien ein Einheimischer. Ich weiß nicht, war es Breying oder Mebus, aber es schien jedenfalls einer der Beherrscher dieser Räume zu sein, denn er hatte einen Frack an, und lächelte uns begrüßend zu, wie nur ein Wirth seine Gäste anlächeln kann. In der Hand trug er ein Päckchen Papiere, übergab uns Jedem eines, lächelte nochmals majestätisch und verschwand, um an dem nächsten Tisch die Pflichten seines schweren Berufs weiter auszuüben. Diese verhängnißvollen Papierblättchen in verschiedenen Farben waren in Form einer Flasche ausgeschnitten, und trugen auch äußerlich das Bild einer starken Flasche, auf deren Etiquette Folgendes zu lesen war:

„Diana-Elixir,"
Probat gegen Hypochondrie, Apathie, Langweile und gegen linkisches Benehmen. Es erfordert keine strenge Diät, sondern verlangt im Gegentheil, daß an dem Tage, wo man es anwendet, ein kräftiges Abendessen eingenommen werde. Augenblickliche Heilung obengenannter Uebel von neun Uhr Abends bis drei Uhr Früh. Ob schön, ob Regen, jeden Samstag und Dienstag im Diana-Saal. Die Visit 1 fl. Löwy.

Jetzt wußten wir mit einemmal auch, was das drollige Inserat im Fremdenblatt „heute ist Samstag" zu besagen hatte, es war das auch nur eine Reclame für den Dianasaal, ein Local, wo sich nach später eingeholten Nachrichten vorzugsweise die Demimonde Wiens bewegt.

Die eigenthümliche Einladung verfehlte ihre Wirkung nicht, und wir waren schon halb und halb entschlossen, hinzugehen, wollten aber doch die definitive Ausführung des Entschlusses von unserm Befinden am Abend abhängig machen, da jeder Fremde mehr oder weniger in Wien am Abend halbtodt zu sein pflegt, nicht nur von den Anstrengungen der weiten Wege, sondern namentlich von dem ewigen betäubenden Wagengerassel und dem schrecklichen Drängen und Treiben der Bevölkerung, das die Nerven eines Kleinstädters geradezu ruinirt. Wir hatten zuvörderst für den Abend Bergs neue Posse „An der blauen Donau" auf dem Programm und saßen deshalb um sieben Uhr auch wohlgemuth auf einem der schönen Fauteuils des Theaters an der Wien, mehr beschäftigt, die uns gegenüber in einer Parterreloge sitzende Directrice dieses Theaters, Fräulein Geistinger, durch unsere Gläser zu lorgniren, als der ziemlich langweiligen Posse zuzuschauen. Die berühmte schöne Helena verbarg ihre jetzt etwas stark werdenden Züge durch ein Blumenbouquet, welches ungefähr den Umfang eines jungen Wagenrades hatte. Dennoch hatten wir Gelegenheit, sie genau zu betrachten. Es schien, als ob sie noch die ganze Süßigkeit der Herrscherfreude auskostete, denn sie war erst seit wenigen Wochen Directrice des Theaters, dem die Schaustellung ihrer schönen Beine (im letzten Acte der Offenbach'schen Helena) so viel Geld eingetragen. Herr Strampfer ist ein schwerreicher Mann durch Frl. Geistinger geworden, warum sollte Frl. Geistinger sich nicht selbst zu einer schwerreichen Frau machen? Allem Anschein nach war sie auf dem besten Wege dazu, denn das Theater war, trotzdem das Stück bereits die zehnte Aufführung erlebte, vollständig ausverkauft. Als sie so dasaß und ihr Näschen fort und fort in dem Blumenbouquet vergrub, da ahnte sie wohl nicht, welch schweres Unwetter sich über ihrem blonden Haupte zusammenzog. Sie konnte unmöglich wissen, daß die Unterbrechung der regelmäßigen körperlichen Functionen des Mannes von der Seine, die damals schon anfingen, ihr in wenigen Tagen den größten Theil ihres Vermögens kosten sollten, sie hatte ihre Wiener Bankactien ruhig daheim und konnte nicht anders denken, als daß die Operationen ihres Freundes an der Börse ebenso und vielleicht noch schneller ihr Vermögen mehren würden, als der brillante Cancan, den Frl.

Laura Stubel soeben unten tanzte und der, nach den Versiche=
rungen erfahrener Leute hinter uns, noch echter und trefflicher
sein sollte, als selbst im Jardin Mabille in Paris. Aber der
böse Freitag kam und wir erlebten ihn selbst in Wien, und nicht
nur Frl. Geistinger, sondern noch viele, viele Andere mußten
Tausende und aber Tausende verlieren, weil Louis Napoleon
sich in seinen intimsten Gemächern nicht so deutlich und klar
expectoriren konnte, wie er selbst und Herr Nelaton das wünschten.
Bleiben wir aber bei dem Stücke. Frl. Geistinger wird ihr
verlorenes Geld schon wiedergewinnen.

Im ferneren Verlaufe der „schönen blauen Donau," die
im Ganzen sehr wässrig war, tritt nun, ich weiß nicht wie
und warum, auch ein Dienstmann auf, der im Gewande des
Postillons von Lonjumeau nach der Weise des bekannten Liedes
und mit dem obligaten Peitschenknallen eine Reclame für den
Dianasaal herunter singt.

Uns Fremden war die Sache anfangs nicht ganz klar,
dann setzte uns aber ein freundlicher Wiener — sie sind Alle
gegen die Fremden liebenswürdig — auseinander, daß der
Besitzer des Dianasaales, der kleine Löwy, durch seine drolligen,
immer die Form wechselnden Ankündigungen längst eine volks=
thümliche Persönlichkeit geworden sei. So habe er das augen=
blickliche Gastspiel des berühmten Tenoristen Sontheim, der
am Carltheater mit unendlichem Erfolg den Postillon gesungen,
sofort benutzt und am andern Tage nach diesem epochemachen=
den Abend seine Affichen durch einen Dienstmann, den er in
Postillonsuniform gesteckt hatte, vertheilen lassen. Der Dichter
des Volksstückes habe diesen damals viel Aufsehen erregenden
Vorfall sogleich benützt, um seiner „schönen blauen Donau" eine
pikante Nebenfigur zu geben.

In der That wurde dieses Postillonslied, welches der betref=

fende Schauspieler in der vortrefflich gemachten Maske Sont=
heims vortrug, mit unendlichem Beifall begrüßt.

Das gab nun den Ausschlag, wir mußten diesen berühm=
ten Dianasaal sehen, und nachdem die „schöne blaue Donau"
glücklich vorübergelaufen war, stellte ich mich an die Spitze und
übernahm die Führung. Vom Theater an der Wien bis zum
Opernring war es nicht weit und da konnten wir denn ein
gutes Stück die Pferdebahn — eine gar nicht genug zu lobende
Einrichtung — benutzen. In der That waren wir auch bald
an Bord eines der bequemen, schönen, großen Waggons und
fuhren rasch durch die prächtige Mondnacht. Wie herrlich
prangten die Paläste der schönen Ringstraße im klaren Lichte
des Mondes, wie funkelten die vergoldeten Eisenverzierungen
auf den Dächern, welch' seltsame Lichter flogen über die starren
Züge der Marmorfiguren und Karyatiden an den Prachtbauten!
Dann kam der Stadtpark, in dem noch reges Leben herrschte.
Aus den dunkeln Laubgängen klangen hin und wieder frohes
Gelächter und süße Frauenstimmen. Auf der andern Seite
drohten düster die gigantischen Massen der großen Caserne, die
im ungewissen Mondlicht doppelt kolossal erschienen. Jetzt waren
wir an der Brücke, wir sprangen ab und wanderten längs des
Stromes aufwärts. Wie das volle Mondlicht auf die hastig
daher schießenden Wasser fiel, und sie im goldig=grünen blenden=
den Glanz verklärte, wer konnte da wohl im Vollgenuß dieses
unvergleichlichen Anblicks an menschliches Elend, an all' den
traurigen Jammer, dessen diese glänzende Stadt so viel birgt,
denken! Selbst die Erinnerung an das eben gesehene Stück,
das seine Lösung durch einen Sprung der Heldin in den
Donaucanal und durch ihre Rettung findet, war vollständig
verschwunden; — wir lehnten uns an das Geländer, und
unsere Augen folgten den Wogen der grüngoldigen Flut.

Da schreckte uns lautes Geschrei aus unsern Träumen. Weiter aufwärts liefen Menschen am Ufer zusammen, Schiffe stießen ab und schossen bis zu uns herunter, auf der Brücke waren in wenigen Augenblicken Tausende von Neugierigen versammelt. Es war nicht anders, wieder hatte ein müdes Menschenkind seine letzte Zuflucht in den kühlen Wellen gefunden und sie mochten lange suchen, die Mitleidigen, deren Hilfe immer erst dann kommt, wenn es zu spät ist, die Wellen gaben ihre Beute nicht wieder her. Sie sagten, es sei ein junges Mädchen gewesen, elegant gekleidet. Sie sei ruhigen Schrittes den Kai entlang gegangen, dann habe sie auf einmal den Sonnenschirm fallen lassen, sei unter dem Geländer durchgeschlüpft und mit dem Ausruf: Jesus, Maria und Joseph! weit hinein in das reißende Wasser gesprungen. Armes junges Mädchen, was Dich auch in die schöne blaue Donau getrieben haben mag, ob Elend und Hunger, ob Schande und Reue über ein verfehltes Leben, ob unglückliche Liebe — ruhe sanft in Deinem Wellengrab, und wenn selbst die Wogen Dich mitleidslos an das Land werfen und nicht bei sich behalten wollen — so mögest Du eine mitleidige Hand finden, die Deinen jungen schönen Leib der Erde wiedergibt und eine Blume pflanzt auf Dein dunkles, unbekanntes Grab an der Kirchhofmauer. — — —

Uns hatte der Vorgang, der in Wien ein sehr gewöhnlicher ist — fast täglich, so sagte man uns, verschlingt der Donaucanal sein Opfer — doch den Humor gründlich genommen, und wir waren schon umgekehrt, um dem entfernten Gasthof zuzuwandern, da begegnete uns ein alter Münchner Freund, zur Zeit Redacteur an einer der zahllosen Zeitungen in Wien, der uns sofort wieder zum Weitergehen beredete. Grade auf diese Tragik hinauf erst recht in den Dianasaal! Das Leben bewegt sich ja in Contrasten, und je greller und schneidender diese sind, desto mehr wird der Inhalt des Lebens genossen.

So langten wir denn bald dort an und sahen schon an der Casse, daß der kleine Löwy auf seinen Flaschen-Annoncen schändlich gelogen hatte; das Entrée kostete nicht einen Gulden, sondern anderthalb, und wir mußten hundert und fünfzig Kreuzer für Etwas ausgeben, was, wie wir nachher sahen, mit fünfzehn Kreuzern weitaus zu theuer bezahlt worden wäre. An der Casse erhielten wir für unser schweres Geld einen rothen Coupon, auf welchem gedruckt stand: der schönsten Tänzerin zu übergeben! Diejenige Dame, welche sich um zwölf Uhr im Besitz der größten Anzahl von Coupons befindet, erhält eine goldene Uhr als Prämie. Schon am Eingange des Saales stürzten sich zwei in ein phantastisches Costüm gekleidete Damen mit dem Rufe: „Gib mir Deinen Coupon!" auf uns zu. Mein Reisegefährte, gutmüthig bis zum Exceß, gab auch richtig seinen Coupon einer kleinen dicken Dame mit ungemein stark entwickelten Formen und stark geschminktem Gesicht. Ich war vorsichtiger und wehrte das kleine Ungeheuer und eine magere blonde Dame mit langen Locken, die auch nicht auf ihrem Kopfe gewachsen waren, mit den Worten ab: „Erst muß ich sehen, ob Ihr wirklich die schönsten seid." Jetzt traten wir dann in die der Terpsichore und Venus geweihten Hallen ein. Schon diese Hallen selbst enttäuschten uns gründlich. Wir glaubten einen Prachtbau zu finden, ähnlich dem Orpheum in Berlin, oder doch wenigstens unsern derartigen Localen in München. Es war jedoch ein höchst mittelmäßiger Saal, dürftig decorirt, dürftig in der Höhe, in der Länge und in der Breite, in jeder Beziehung dürftig. Ueberdies herrschte drinn eine Atmosphäre, die uns erst dann einigermaßen erklärlich wurde, als man uns erzählte, der Dianasaal sei eigentlich ein großes

Schwimmbassin, das im Sommer zumeist als solches benutzt, im Winter aber zugedeckt und als Tanzsaal verwendet werde. Diesmal habe man es auch im Sommer seinem eigentlichen Zweck als Bad entzogen, um darin ganz speciell für die Fremden die entzückenden Feste zu feiern, an deren einem wir zur Zeit fröhliche Theilnehmer — besser gesagt — Opfer waren. Das Bad verleugnete sich jedoch, trotz der maskirenden Decoration keinen Augenblick, es war die mufflige, dumpfe Atmosphäre einer Badezelle, in die wir eintraten.

Mein Begleiter, an die glänzenden Säle von Paris und Brüssel gewöhnt, rümpfte gewaltig die Nase. Ich tröstete ihn mit der Hinweisung auf die berühmten Cancantänzer, die uns das Programm versprochen und deren Leistungen uns als wirklich vorzügliche gerühmt worden waren. Sie sollten um halb zwölf Uhr tanzen, und da wir bis dahin immer noch eine halbe Stunde hatten, so konnten wir uns mittlerweile unser Publicum näher ansehen.

Da waren zuerst die Damen, natürlich sämmtlich jener unglücklichen Classe angehörend, deren Leben ein paar Jahre in Localen ähnlicher Gattung durchtobt wird, um dann im Spital oder im Donaucanal zu enden. Die armen Geschöpfe waren von jedem Alter vorhanden, vom vierzehnjährigen, kaum entwickelten Mädchen an, bis zu jenem unbestimmten Alter hinauf, das mit Hilfe bekannter Toilettenkünste immer noch die Anfänge der dreißiger Jahre heuchelt, während das Ende derselben doch schon längst passirt ist. Die Toiletten waren im Ganzen, wenn man die Zurschaustellung der in Wien bekanntlich durchgängig sehr starken Büsten nicht rechnen will, ziemlich decent, wie auch die Haltung der Mädchen, die weit entfernt von der rohen Frechheit war, die in Hamburg und Berlin in ähnlichen Localen herrscht. Uebrigens waren nur sehr wenige Mädchen vorhanden. Kaum zwanzig oder dreißig, die sich unter dem großen Herrenschwarm fast verloren.

Diesen Herren sah man es nun zum größten Theil sofort an, daß sie Fremde waren, welche sich, wie wir, durch die Flaschenanzeige hatten hierher laden laſſen. Einige waren sogar naiv genug, auch hier den Bädecker, den Freund und Helfer in allen Nöthen, unter dem Arm zu tragen. Die wenigen Einheimischen schienen der achtbaren Classe der Bevölkerung anzugehören, die man in Berlin Louis, hier Strizzis nennt. Das Ganze machte einen unſäglich pauvren Eindruck, und wir ſahen jetzt schon deutlich, daß wir, um Berliniſch zu reden, bedeutend „eingegangen" waren. Der jetzt losgehende Tanz konnte uns auch nicht von dieser Ueberzeugung abbringen; unter den Dutzend Paaren, die tanzten, herrschte eine verzweifelte Sittsamkeit, und man hätte die Françaiſe, die soeben executirt wurde, in der k. k. Hofburg auch nicht langweiliger und anständiger tanzen können, als sie hier getanzt wurde.

Da war auch nicht die leiseste Ahnung jenes feschen Cancans, von dem uns Frl. Laura Stubel im Theater an der Wien eben noch so viel versprechende Anfänge gezeigt hatte.

„Das halte ich nicht aus, ich schlafe ein, wenn wir nicht gehen," sagte mein Begleiter. Da ich so ziemlich die nämlichen Empfindungen hatte, so wäre ich nicht abgeneigt gewesen, diese Stätte der Freude auch zu verlassen, aber die Cancantänzer, die famosen Clodoches mußten wir doch noch sehen.

„Es ist gleich Mitternacht, Sie werden sehen, die Kerle tanzen gar nicht," sagte mein mißmuthiger Freund.

„Das wollen wir gleich erfahren," entgegnete ich und ging direct aufs Orchester zu, welches man parterre in einem Winkel angebracht hatte. Da gerade Pause war, so fragte ich den erſten Violiniſten, der juſt in den Saal hinausgähnte, wann die berühmten Grotesktänze beginnen würden.

Er antwortete mir mit größter Seelenruhe: „Wiſſens, die Cancantänzer kommen gar nicht, ich glaub', ſie haben heut' in der „Neuen Welt" in Hietzing getanzt. Bei uns ſtehen ſie blos auf dem Zettel, um die Fremden anzulocken."

Das nun anhören müſſen, ſelber Fremder ſein und dem freundlichen Mann, der dich gemüthlich hohngrinſend anſchaut, nicht ins Geſicht ſchlagen zu dürfen, iſt gewiß eine Aufgabe, die nicht Jeder fertig bringt. Wir aber brachten ſie fertig, denn auch mein Reiſegefährte hatte den Hohn mit angehört. Wir ärgerten uns nicht einmal über die Gaunerei, ſondern gingen jetzt wirklich lachend von dannen.

An der Thür aber begegnete uns eine Proceſſion, die uns doch wieder zum Umkehren brachte. Voran ein Herr mit einem Kiſſen, auf dem ein Album war und noch mehrere Herren, die Verſchiedenes trugen. Es war das Preisgericht, und für unſere anderthalb Gulden wollten wir doch das wenigſtens mitanſehen.

Wir kehrten alſo um und ſuchten ziemlich nahe an das krampfhaft Tuſch blaſende Orcheſter heran zu kommen.

Vorn auf das Podium wurde ein kleines Tiſchchen hingeſetzt und zwei Stühle daneben, dann trat ein Herr mit einem Stiergeſicht auf, der mir entſchieden den Eindruck machte, als habe ich ihn ſchon einmal irgendwo als Herkules in einer Meßbude geſehen. Er hatte augenſcheinlich das Amt des Preisrichters und fing an, die verſchiedenen Schönheitsprämien hin und her zu ordnen, bis die ihm wünſchenswerthe Symmetrie herauskam. Dann ſetzte er ſich mit feierlichem Weſen nieder und ſofort ſchlüpfte ein dünnes mageres Männchen an ſeine Seite und ſetzte ſich auch. Nun brüllte der Herkules mit einer wahren Löwenstimme in den Saal hinaus. „Der Preistanz beginnt" und sofort schmetterte das Orchester einen Walzer.

Wie waren neugierig, wie die Sache vor sich gehen würde, wir glaubten zuerst, die armen Dinger würden sich en masse hindrängen und ihre Coupons abgeben, aber ganz im Gegentheil, ganz verschämt und verstohlen, als ob sie sich eine vor der andern fürchteten, schlichen sie herbei und steckten dem mageren Herrn ihre Coupons zu. Darauf erhielten sie vom Herkules eine Karte mit einer Nummer, und dann verloren sie sich schleunigst wieder im Gedränge. Der Herkules aber zählte mit einem unerschütterlichen Gleichmuth die Coupons und trug die Anzahl auf eine Liste hinter die Nummer der Karte, welche das Mädchen besaß.

Auf diese Weise zog sich die Geschichte sehr in die Länge und da man rings um uns herum die kleine Dicke, die meinem Reisegefährten gleich an der Thür den Coupon abgejagt hatte, als muthmaßliche Preisträgerin bezeichnete, so verloren wir vollends die Lust zu warten, und gingen diesmal wirklich fort.

„Die ganze Geschichte ist so schofel arrangirt," sagte mein Reisegefährte, „daß ich der festen Ueberzeugung bin, daß das arme Mädchen morgen ihre goldene Uhr, die jedenfalls mit zu dem eisernen Inventar der Wirthschaft gehört, wieder abliefern muß, aber was machen wir jetzt, der Abend ist einmal angebrochen. Wie wär's, wenn wir in den „Sperl" gingen, von dem ich so viel gehört habe. Wahrscheinlich wird da das viel gerühmte Wiener Leben sein, und wir sind am Ende nur in die falsche Localität gerathen."

„Erst sehen, wo der Sperl ist," antwortete ich „und wenn nicht zu weit, so können wir ja hingehen."

Wir traten zu der nächsten Gaslaterne und suchten auf unsern großen Plänen nach dem Sperl herum, von dem ich mich dunkel aus früherer Zeit erinnerte, daß er irgendwo in der Leopoldstadt, in der wir uns gerade befanden, liegen mußte.

„Um Verzeihung, ist das der Dianasaal?" tönte auf einmal eine fremde Stimme mit entschieden norddeutschem Klange.

„Gerade aus, Sie können nicht fehlen," sagte ich kurz, da ich nicht Lust hatte, zwischen zwölf und ein Uhr Nachts in Wien die Landsmannschaft zu begrüßen.

„Pardon, wenn wir die Herren belästigen," sagte eine zweite norddeutsche Stimme, „aber wir möchten doch erst fragen, ob Sie vielleicht im Dianasaale waren, und ob es der Mühe werth ist, hinzugehen. Wir kommen soeben höchlichst enttäuscht vom „Sperl," und möchten nicht gern nochmal so hineinfallen, wie dort, wo effectiv gar Nichts los ist."

Wir lachten Beide laut auf. „Wir wollten eben zum „Sperl" gehen, aber zum Dank für die Warnung wollen wir Ihnen auch einen guten Rath geben. Es ist besser, Sie werfen die anderthalb Gulden, die Sie dort Entrée zahlen müssen, gleich in die Donau, so ersparen Sie sich viel Aerger und Verdruß."

„In die Donau werfen wir das Geld auch nicht," lachten die Fremden, „aber einen Fiaker wollen wir uns dafür nehmen und damit nach Hause fahren. Gute Nacht, meine Herren, und schönen Dank für die Warnung!"

Wir machten es ebenso und fuhren nach Hause, höchlichst enttäuscht über diese berühmten Wiener Vergnügungslocale. Daß es aber dennoch solche gibt, die der Größe und dem Reichthum der Residenz wirklich entsprechen, sollten wir am nächsten Tag in der „neuen Welt" in Hietzing sehen.

# Wiener Croquis Nr. 2.

## II. Die neue Welt in Hietzing.

Am andern Tage saßen wir in dem kleinen Gärtchen des Hotels Müller am Kohlmarkt in Wien. Es ist mir noch, als wäre es gestern, obgleich ein ganzer langer Winter dazwischen liegt. Während jetzt die Wägen unter meinen Fenstern im tiefen Schnee knirschen und das Thermometer draußen 12 Grad Reaumur minus zeigt, suchten wir damals den Schatten, der in dem Höfchen, das durch die mit Epheu bemalten Wände und einige kümmerliche Oleander und Orangenstöcke in großen Kübeln sich zum Garten emporgeschwungen hatte, reichlich genug vorhanden war. Ach, was diese Hitze für einen herrlichen Durst erzeugte und wie das köstliche, auf Eis liegende Bier dabei mundete, obwohl es so sündentheuer war, daß ein ehrlicher baierischer Durst im Umsehen ein ganzes Vermögen vertrunken hatte!

An dem Tische uns gegenüber wurde laut gesprochen, die Schlagworte: Wienerbank, Forstbank, Galizier, Credit, die fort und fort zu uns herübertönten, wie ungefähr eine Melodie, die man aus der Ferne hört und bei der auch nur immer die Baßnoten deutlich vorklingen, sagten uns zur Genüge, daß da die

Börse sich von ihren Anstrengungen in der Strauchgasse erholte. Richtig, der energische Kopf mit dem krausgelockten, so üppigen, impertinent=blonden Haarwuchs, er gehörte ja Mey, den die Preußen zu seinem Glück als Redacteur aus Altona herausmaßregelten und den Sonnemann nach Wien schickte, um für die „Frankfurter=Zeitung" Börsenberichte zu schreiben, der aber gescheidt genug war, für sich selbst Börsengeschäfte zu machen und sich ein schönes Vermögen zu verdienen, das er, jetzt ein leidenschaftlicher Börsianer, wohl bald wieder eben so schnell an den Mann bringen wird, als er es gewonnen. An einem weitern Tisch links sitzen zwei Herren, die sich sehr eifrig unterhalten und dabei rauchen wie die Schlöte zweier Locomotiven; der eine ist D. Held, früher Buchhändler, dann Redacteur in Nürnberg und München, hierauf Director des Actientheaters in München, jetzt wieder Redacteur in Wien und bald erster Secretär der schönen Helena, wollte sagen des Fräuleins Geistinger, die auch eine hübsche Carrière gemacht, und sich vom Wäschermädel aus der Vorstadt Au bei München zur Directrice des Theaters an der Wien und angehenden Millionärin aufgeschwungen hat. Der zweite Herr steht dem Theater an der Wien nahe und wahrscheinlich wird jetzt dort die bevorstehende Ernennung Held's, der als tüchtiger Mensch sich auch dort bewähren wird, sehr eifrig discutirt.

Mir unmittelbar gegenüber sitzt Röckel, mein lieber, herziger, alter, ewig=junger und frischer Röckel. Sei ruhig, alter Junge, ich singe Dein Zuchthauslied hier nicht wieder, das Dir nachgerade durch alle Toaste, die Du als Märtyrer deutscher Freiheit mit anhören mußtest, gründlich zuwider geworden ist. Ich schaue nur in Deine guten, treuen Augen und freue mich über Dein frisches, fröhliches Gesicht, aus dem die ewige Jugend spricht, trotzdem Deine sparsamen Locken auch schon bedeutend ergrauen, ich freue mich über Deine herrlichen Zähne, die gehorsamen Diener eines beneidenswerthen Appetites, den breizehn Jahre Zuchthauskost in Waldheim nicht ruiniren konnten. Aber so gern ich Dich auch anschaue, lieber alter Freund, dennoch ruht mein Auge noch lieber fast auf den stillen, sanften Zügen Deines schönen Töchterleins, dem jetzt gerade das Gefrorne so trefflich mundet.

Es geht wohl nichts über die still zufriedene Stimmung, die uns nach einem eben eingenommenen Diner überkommt, wenn wir uns unter lieben Freunden wissen und uns eine anständige Cigarre anstecken, während eben der Kellner eine Tasse schwarzen Café vor uns hinsetzt.

„Und was treiben wir heute Nachmittag?" Diese inhaltsschwere Frage wirft mein Reisegefährte auf.

„Fahren wir in den Prater?"

„Pfui, in den langweiligen Prater," schmollt die reizende Dame, die einzige in unserer Gesellschaft.

„Ich würde den Herren proponiren, mit uns nach Penzing zu gehen, von dort machen wir einen hübschen Spaziergang durch den Park von Schönbrunn, soupiren bei Dommayer in Hietzing und beschließen dann unsern Abend in der Neuen Welt."

Röckels Vorschlag wurde einstimmig angenommen und bald darauf saßen wir schon in einem Fiaker und fuhren an die Mariahilfer Linie; hier angekommen, drängten wir uns durch das bunte Gewühl, das hier ununterbrochen herrscht, passirten das Linienthor und setzten uns jenseits desselben auf die Pferdebahn. „Bald werden wir gar keinen Omnibus oder Fiaker mehr brauchen, wenn die Pferdebahn erst bis zum Opernring in die Stadt hinein geht," sagte Röckel und ich dachte, während wir rasch die unendliche Häuserreihe dieser Vorstadt passirten, darüber nach, wie sehr doch eine solche Pferdebahn ein segensreiches Institut für jede größere Stadt ist. Schon jetzt kann man in Wien Meilen Weges für zehn Kreuzer auf die angenehmste und rascheste Weise zurücklegen. Und wie populär sich das Institut bereits gemacht hat, welch' rege Benützung. Da unweit von mir sitzt ein Fleischergeselle, der seine Mulde mit frischem Fleisch zum Austragen vor sich hat. Ihm gegenüber hat ein Briefträger Platz genommen, der, nachdem er sein mühsames Tagewerk bereits vollbracht, jetzt wahrscheinlich heimkehrt in seine Behausung, die vielleicht stundenweit vom Stefansplatz entfernt ist, aber mit der Pferdebahn leicht erreicht werden kann. Gerade sind wir auf einem Halteplatz angekommen, deren hier alle fünf Minuten vorhanden sind. Das hiesige System des Tramway hat im Gegensatz zu den in Hamburg und an andern Orten in Gang befindlichen Pferdebahnen, welche allemal halten, wenn Passagiere ein- und aussteigen wollen, die Einrichtung der Halteplätze angenommen. Nur auf diesen wird ein- und ausgestiegen, sonst fährt man enorm rasch und wer während des Fahrens ab- oder aufspringen wollte, riskirte immer seinen Hals.

Jetzt machen wir eine scharfe Curve, die fast rechtwinklich ist, um in die große Allee einzubiegen, die nach Schönbrunn führt und da liegt auch schon die ungeheuere Fronte des großen Schlosses vor uns. Nun ist auch die Reihe des Aussteigens an uns gekommen und wir wandern behaglich durch den breiten Schloßhof und durch das Schloß selbst, hinter dessen Rücken sich der großartige berühmte Schloßgarten dehnt, dessen seltsam abgezirkelte Laubgänge, dessen eigenthümliche, coulissenartig geschnittene Baumwände, in deren Hintergrund sich majestätisch das Gloriett erhebt, bei aller Fremdartigkeit eines Geschmackes, der nicht mehr der Geschmack unserer Zeit ist, doch einer gewissen imponirenden Größe nicht entbehren. Langsam steigen wir die breiten, sorgfältig gepflegten Kiesgänge hinauf zum Gloriett, die Freunde bleiben, im Gebäude angekommen, dort stehen, ich aber steige gern noch die schmale, steile Treppe, um den großartigen Anblick der umfassenden Aussicht zu genießen, die sich da oben dem freudig erstaunten Auge öffnet.

In welch' köstlichen Linien zieht sich das Waldgebirge der Brühl nach Westen hin, dort der nach Süden fahrende Bahnzug, dessen Train das Auge noch weit, weit hinaus verfolgen kann, eilt den ferneher dämmernden blauen Alpen zu. Nach Norden zeigen sich die Hügelketten des Leopoldsberges und des Kahlenberges, begrenzt von der wie geschmolzenes Silber mächtig dahinflutenden Donau, die den Blick wieder auf das unendliche Häusermeer des an ihren Fluten sich riesengroß behnenden majestätischen Wiens lenkt. Wie schlank und herrlich hebt sich der Stephansthurm in die blauen Lüfte, wie glänzt und gleißt das buntfarbige Ziegeldach seines Domes herüber. Welche Schlachten sind schon auf diesen Ebenen geschlagen, welche Geschicke von Völkern und Menschen in der Weltstadt da vor uns schon entschieden worden! Seltsam, so blau der Himmel, so herrlich noch der Sonnenschein, so frisch die Luft heraufwehend, gekühlt und gekräftigt durch den Athem der Waldberge, über die sie gestrichen, so fröhlich der Vogelsang in dem Laubmeer unter mir und doch kein fröhliches Herz in mir, kein freundliches Denken! Da ist dieser Adler, der das Gloriett krönt. Fährt man mit der Eisenbahn vorbei, so sitzt der kaiserliche Aar gar hoch und gewaltig da oben, wie trotzig hält er Scepter und Schwert in seinen Klauen!

Und steht man hier oben auf der Plattform, so sieht man, daß das, was man von Stein für die Ewigkeit gemeißelt glaubte, nur Holz und Eisen ist, der ganze Adler ist nur dünne

Decorationsarbeit und riesige Eisenstangen halten ihn — wie lange noch! — daß ihn die hier oben gewaltig rasenden Stürme nicht herunterwerfen. Sollte das wirklich Dein Bild sein, Du liebes, schönes Oesterreich, das mir theuer gewesen, so lange ich denken kann? Wenn ja, dann sind die Stürme, die Dich umwerfen, wohl dem Nationalitätenhaber vergleichbar und die festen Eisenstangen, die Dich so treulich halten, das sind Deine germanischen Völker, das ist der germanische Geist, der Dein seltsam zusammengewürfeltes Staatengebilde bis jetzt noch kräftigend und verjüngend durchweht. Duldest Du, kaiserlicher Aar, daß frevler Rost an diesen Eisenstangen nage, oder wirfst Du sie gar weg in blinder Verkennung — dann — — — —.

„Komm doch endlich einmal herunter, wir wollen weiter gehen," weckte mich Röckels sonore Stimme aus meinen Träumen. Noch einen Blick auf die Herrlichkeit von Wald und Feld, von Strom und Gebirge, die sich hier rund herum aufbaut, und jetzt hinunter zu den Freunden.

Wir schlugen den Weg zu der weltberühmten Menagerie ein, besuchten einige der dort gepflegten Celebritäten und hatten namentlich unsere innige Freude an dem prächtigen Königstigerpaar, das aber, vielleicht ehelicher Dissidien wegen, in sehr schlechter Laune zu sein schien und die Luft mit seinem Gebrüll erfüllte. Mich freute es übrigens doch, daß er ganz meine Maxime hatte, mit den Damen umzugehen. Während sie sehr aufgeregt war und fortwährend in dem großen Käfig herumraste, daß das ganze Gebäude zitterte, lag er sehr ruhig da und ärgerte sich wahrscheinlich nur inwendig. Je aufgeregter und wilder sie wurde, desto ruhiger und kälter wurde er.

Er weiß im Grunde jedoch recht gut, daß sie, zusammengesperrt, wie sie nun einmal sind, sich doch wieder vertragen werden, ganz abgesehen davon, daß sie sich sonst auch zärtlich lieben und verstehen.

Hatte mir der Garten von Schönbrunn bis jetzt nur durch seine enormen Größenverhältnisse eine kühle Achtung abgezwungen, so sollte er jetzt, als wir in die reservirten Theile (den botanischen Garten) kamen, mich auch durch seine unvergleichliche Schönheit entzücken und begeistern. Hier hat der verfluchte Lenotre'sche Zopf längst einem edleren Geschmack Platz machen müssen, man sieht, daß hier mit maßvollem Schönheitssinn begnadete Augen gewaltet, eine tief verständige, von dem großartigsten Gesichtspunkte ausgehende Landschaftsgärtnerei gearbeitet hat. Schönere Baumgruppen, gehoben durch passende Umgebungen, habe ich nirgendwo gesehen und jeder einzelne dieser gewaltigen Baumriesen mit seinem herabwallenden Epheuschmucke ist mir noch lebhaft im Gedächtniß. Dazu fand just eine Art Blumenausstellung statt, die selbst die Kinder heißerer Zonen aus den schützenden Treibhäusern hervorgelockt und in liebliche, entzückend schöne Gruppen auf die sorgfältigst gepflegten Rasenplätze vertheilt hatte. Das war wohl eine genußreiche Wanderung und es war uns fast leid, daß wir schon an der Villa des Königs von Hannover angelangt waren und wieder die staubige Landstraße betreten mußten, die durch Hietzing zu dem, allen Gutschmeckern, die jemals in Wien waren, sattsam bekannten Dommayer'schen Casino führte.

Der Reichthum und die Wohlhäbigkeit großstädtischen Lebens schaute aus jeder Villa in Hietzing eben so heraus, wie aus diesem berühmten Wirthschaftsgarten. Mit einer erquicklichen Reinlichkeit und Eleganz wurde servirt und das allerdings ein wenig verfrühte Souper ließ nicht das Geringste zu wünschen übrig.

Wir beeilten uns bei demselben so viel als möglich und

standen jetzt bald vor der mit großen Flaggen verzierten Eingangs=
thüre der „Neuen Welt," dieses berühmten Wiener Vergnügungs=
locals, das in unsern Augen die durch den so sehr angepriese=
nen und doch so traurigen Dianasaal tief gebeugte Ehre der
Weltstadt als Vergnügungsstadt glänzend wieder herstellen sollte.
Es ist in der That ein brillantes Etablissement diese „Neue
Welt," hat aber auch brillante Eintrittspreise. Heute, wo es
kein besonders großer Festtag war — aber doch immerhin ein
Fest, denn man feierte die endliche Eröffnung der Pferdebahn, die
gestern zum erstenmal bis an die Brücke von Hietzing gefahren
war — zahlten wir für die Person nur zwei Gulden; freilich
versprach uns das Programm dafür Theater, Ballet, Feuerwerk
und ein Concert von zwei Orchestern. Aber dieses Programm
selbst! Unser rheinländischer Freund, der doch wahrhaftig schon
von Haus aus an eminente Preise gewohnt war und die Preis=
ansätze von London und Paris sehr genau kennt, erschrak doch,
als man ihm am Eingang für einen Fetzen Papier, wie ein 8°
Blatt so groß, 30 Kr. österr. W. abforderte. Also für ein
Programm, das man sonst überall gratis erhält, oder welches
z. B. in München höchstens mit 1 Kr. berechnet wird, 18 Kr.
bairisch, 5 Silbergr. courant!

Drei Reihen hochstämmiger Bäume führten zu dem Con=
certplatz, der mit seinen offenen Arkaden und Orchesterräumen,
mit seinen niedrigen Restaurationsgebäuden mich lebhaft an
das Tivoli in Hannover erinnerte, nur hat der Wiener Ver=
gnügungsplatz vor dem hannöverschen den Vortheil schöner Bäume
und kühlen Schattens voraus. Ein Militärorchester schmetterte
just eine Potpourri aus dem „Troubadour" mit jener leidenschaft=
lichen Verve und vorzüglichen Präcision, welche die österreichischen
Militärcapellen in der ganzen civilisirten Welt mit Recht berühmt
gemacht haben. Wir zogen indeß unter den berauschenden Klängen

auf dem weiten menschengefüllten Platz herum, um, ehe wir
uns einen definitiven Platz gewählt, noch ein wenig die Amuse=
ments, die sich hier einem verehrlichen Publicum boten, genau
anzusehen. Ein Sommertheater von ziemlich bedeutenden Dimen=
sionen stand jetzt verlassen, desto lebhafter war es bei den
Caroussels und bei den verschiedenen Schießständen. Wir blieben
an einem stehen und konnten schließlich nicht umhin, selbst unsere
Fertigkeit als Schützen zu zeigen. Der heißblütige Rheinländer
schoß zuerst. Das Ziel war ein sitzender Hirtenknabe, der eine
Schalmai bläst, also jedenfalls eine Atrappe. Neugierig, was
sich zeigen würde, wenn unser Freund das Centrum träfe,
schaarten wir uns Alle um den Schützen. Der Schuß fiel, es
zeigte sich nichts, aber wir hörten Alle einen seltsamen Ton,
der sonst von der guten Gesellschaft verbannt ist. Alle waren
wir überrascht, natürlich that aber Jeder, als ob er nichts gehört
habe. Der Rheinländer schoß zum zweitenmal, der Hirtenknabe
blieb unverändert, aber wieder erklang der seltsam fremdartige
Ton. Unser Freund gab mir jetzt ärgerlich die Büchse und sagte
laut: „Nehmen Sie, ich treffe nichts." Leise aber sagte er,
mich strafend ansehend: „Geniren Sie sich doch, wir haben ja
Damen in der Gesellschaft." Im Eifer, meine Schützenkunst
zu zeigen, überhörte ich das Mißtrauensvotum, schoß, und wie=
der klang der infame Ton.

Ich hatte aber vermittelst meines Lorgnons ganz deutlich
gesehen, daß das Schrott vom Centrum abgeprallt war, also
jedenfalls getroffen haben mußte. Ich interpellirte deshalb den
Eigenthümer dieser Herrlichkeiten und dieser sagte ruhig: „Frei=
lich haben Sie's Centrum getroffen, haben's denn nicht gehört,
wie's geblasen hat!"

Ein schallendes Gelächter erhob sich, jetzt war des Räth=
sels Lösung da. Den düstern Ton, der uns so irritirt hatte,

gab der Hirtenknabe allemal von sich, wenn man ihn ins Herz traf: es sollte das Schalmaienblasen bedeuten. Die Schützenehre unseres Freundes war somit glänzend hergestellt, er wie ich hatten zweimal Jeder das Centrum getroffen.

Wir hatten einen hübschen, noch leeren Tisch gefunden und uns eben daran niedergelassen, als in nächster Nähe von uns das Concert von Streichmusik wieder aufgenommen wurde man wechselte ab zwischen der Regimentscapelle, die wir eben gehört hatten, und dem berühmten Strauß'schen Orchester, das wir jetzt hörten. So sehr mich nun auch allemal die göttliche „Freischütz-Ouverture" entzückt, so muß ich die Manen Weber's um Verzeihung bitten, daß ich diesmal die herrlichen Klänge fast überhört habe, weil ich von dem seltsamen Tanz, den der berühmte Capellmeister vor seinem Dirigentenpult vorführte, geradezu frappirt war. Ich hatte schon viele derartige Leistungen gesehen, unser Hans von Bülow hatte, als er noch die Battuta der königlichen Hofoper schwang, in dieser Beziehung manche wunderbare Production gegeben — aber so was von Dirigiren, wie dieser Herr Strauß — der, wie ich glaube, den poetischen Namen Eduard trägt, und nicht der unberühmteste unter den berühmten Brüdern ist — es vollführte, war mir denn doch in meinem Leben noch nicht vorgekommen.

„Sehe ich schlecht, Fräulein, oder verbeugt sich der Capellmeister wirklich gegen uns?" fragte ich.

„Nein, nein, Sie sehen ganz recht," war die Antwort, „er tanzt immer, wenn er in Eifer geräth, das Verbeugen ist nur der Anfang, Sie werden gleich Wunderdinge sehen."

Und ich sah Wunderdinge, das Verbeugen wiederholte sich in immer rascheren Tempi's, die Bewegungen beider Arme, mit denen er tactirte, wurden immer wilder und auf einmal sprang der Capellmeister hoch in die Luft und nun ging's los.

Der ganze Mann war ein Dirigiren; mit dem Kopfe, mit den Armen, mit den Beinen, mit den Augen dirigirte er, er sprang, er tanzte, er raste und tobte förmlich vor seinem Pulte und etwas von seiner Frenesie schien auch das Orchester abbekommen zu haben, ich habe wenigstens nie ein wilderes Forte gehört.

„Mein Gott, der Mann muß ja todt niederfallen, wenn er fertig ist."

„O nein, er geht auf diese Art spazieren, sehen Sie selbst, es ficht ihn gar nicht an."

Und in der That, da sprach der Capellmeister ganz ruhig mit einigen Damen an einem benachbarten Tisch so kühl und gleichgiltig, als hätte ich nur von dem wilden Tanz, den er doch eben erst vor meinen sehenden Augen vollführt hatte, geträumt.

„Wenn Sie mir jetzt hübsch den Arm geben, so führe ich Sie und Ihren Freund an das Theater, die Vorstellung wird gleich beginnen, Papa bleibt hier und bewahrt uns die Plätze auf," sagte unsere holde Dame und Papa war's zufrieden und wir waren entzückt. Dann promenirten wir langsam durch schön angelegte Bosketts und kamen auf eine erhöhte breite Asphaltfläche, die von vielen Candelabern umgeben einen prachtvollen Tanzsaal bildete, dessen einzige Decke allerdings der Himmel war. Aber was für eine Decke, tief, tiefblau und herrlich bestirnt, wie sonst nur in frostkalten Winternächten. Von dem Plateau aus sahen wir schon, wie auf einer weiteren erhöhten Stufe sich die Menschenmassen um das Sommertheater drängten, das hübsch und elegant gebaut, luxuriös beleuchtet, aus der Ferne einen prachtvollen Anblick bot. Die „schöne Galathee" stand auf dem kostbaren Zettel, den ich wie eine große Banknote so ängstlich bewahrte.

Wir hatten noch glücklich Seſſel erobert und die ſchöne Galathee ließ dann auch nicht lange auf ſich warten. Ich habe nun dieſe kecke, luſtige Parodie mit ihrer gefälligen Muſik recht gern, aber hier im Freien wollte ſie mir halt gar nicht gefallen, nie waren mir die Lazzi des Midas ordinärer und dümmer vorgekommen, nie war mir die ſchöne Galathee ſelbſt fader, der Pygmalion einfältiger erſchienen, als gerade jetzt. Dabei will ich den achtbaren Mitgliedern dieſes Sommertheaters, die dieſe Operette verbrachen, gar nicht einmal zu nahe treten, die Schuld meines Mißbehagens mochte vielleicht mehr in mir ſelbſt, namentlich aber an dem ſeltſamen Schauplatz, als an den Künſtlern liegen. Wie kann man eine Operette im Freien aufführen, wo die Töne der menſchlichen Stimme keine Reſonnanz finden, ſondern ſchon auf wenige Schritte Entfernung ungehört verhallen! Die Sängerin, welche die Galathee ſchrie, — ſie ſchrie wirklich — und die eine Stimme beſaß, der man alles abſprechen mochte, nur nicht die Ausgiebigkeit, konnte ſich gleichwohl kaum den erſten Zuſchauerreihen verſtändlich machen. Uns wurde das Poſſenſpiel bald leid und wir führten unſere Dame, die gleich uns litt, wieder zu ihrem Vater, um dann noch einmal zum Theater zurückzukehren und die berühmten Clodoches zu ſehen, die man uns geſtern Abends ſchon im Dianaſaal verſprochen hatte. Nach mehrfachen Aeußerungen unſerer Freunde ſollten ſie aber in einer Art und Weiſe tanzen, daß es anſtändigen Damen nicht gut möglich ſei, dabei zuzuſehen.

Dem ungeachtet waren es zumeiſt Damen, die ſich ordentlich drängten, um gute Plätze zu erhaſchen, und die ſogar ſich Stühle von fernher herbeitragen ließen nnd ſelbſt herbeitrugen, um ja recht gut zu ſehen. Ob „ces dames" nun gerade in die Kategorie der anſtändigen Damen gehörten, will ich hier auch nicht weiter unterſuchen.

Als der Vorhang aufging, erschienen zwei seltsam costümirte Paare, wir erblickten in ihnen die lebendige Darstellung jener grotesken Costüme, die für die ordinären Maskenbälle in Paris eben so typisch geworden sind, wie z. B. die Staberl auf unseren gemeinen Redouten. Es waren augenscheinlich vier Herren, aber die Beiden von ihnen, welche Damenrollen übernommen hatten, waren durch Chignons und weibliche Perrücken so gut verstellt, daß ich, bei der außergewöhnlichen Freiheit ihres Costümes, die ihnen in Deutschland selbst auf den Bällen, die wir seltsamerweise mit dem Schweif einer Kuh in Verbindung bringen, wahrlich nicht hingegangen wäre, wirklich zuerst in die größte Verlegenheit gerieth und mich nicht um meinetwillen, sondern um mehrerer hübscher Kinder willen, die unmittelbar neben uns saßen, recht schämte. Als ich aber sah, daß sie dies selbst gar nicht thaten, gab ich die somit völlig überflüssigen Sittlichkeitsregungen auf und widmete mich lediglich der Betrachtung des seltsamen Schauspiels, das sich vor mir aufrollte.

Die Musik spielte eine bekannte Française, nahm aber das Tempo ungewöhnlich rasch. Ich glaubte, die Sache werde auf einen gewöhnlichen Cancan hinauslaufen, wie ihn die Fräuleins Gallmeyer und Stubel in Wien auch vortrefflich tanzen, aber ich hatte mich doch geirrt. Zu beschreiben ist der Wahnsinn, der da oben vor sich ging, überhaupt gar nicht, es genüge die kurze Andeutung, daß beim Damensolo der zweiten Tour beide Damen dasselbe nicht auf den Füßen, sondern auf den Händen tanzten und daß die große Chaine hier mit einem fröhlichen Bockspringen, immer abwechselnd bald der Herr über die Dame, bald die Dame über den Herrn hinweg, gefeiert wurde. Uebrigens allen Respect vor der Gelenkigkeit dieser Herren: der Eine von ihnen, ein unendlich langer Mensch von

einer ungewöhnlicher Magerkeit, die sämmtliche sieben dürre
Kühe Aegyptens in die Schranken forderte, schien einige Ge=
lenke mehr als jeder andere civilisirte Mensch in seinem
Knochengerüste zu besitzen. Er hatte einen kolossalen Schiffhut
quer aufgesetzt und machte sich den Spaß, bei seinen Soli's mit
dem rechten Fuß bald hinten, bald vorn vor den Hut, den er
doch auf dem Kopfe trug, derartig zu schlagen, daß es
laut schallte, was ganz ungewöhnliche Effecte in dieser ohne=
dies schon sonderbaren Française hervorbrachte. Den verehrten
Leser, dem ein solches Herrensolo als keine besonders außer=
gewöhnliche Leistung im Gebiete der höheren Tanzkunst vor=
kommen sollte, ersuche ich freundlichst, das Buch aus der Hand
zu legen und einen Versuch zu machen, sich aber dabei ja recht
fest anzuhalten.

Es war ordentlich eine Erholung, von dem wüsten Treiben
weg sich plötzlich in stiller Einsamkeit zu sehen. Mit dem
Fallen des Vorhangs war auch die Menschenmasse zerstoben
und wir standen jetzt, während das Gedränge auf den untern
Wegen den Restaurationslocalen zuströmte, hier oben auf der
Plattform ganz allein. Die wollüstig warme Augustnacht schloß
einen Zauber in sich, an den ich jetzt noch nicht mehr denken
kann, ohne daß mir das Herz seltsam froh bewegt wird. Wie
tief, so unendlich tief lagen alle diese Fratzenbilder moderner
Civilisation unter uns, wie keusch war diese selige Einsamkeit,
die uns hier umgab, wie still und innig unser Empfinden der=
selben. Wir sprachen wohl wenig mit einander, ich und der
liebe Freund vom Rhein, als dort die fragende Mondespracht
plötzlich leise, leise über den Waldbergen der Brühl heraufstieg und
in ihrem magisch glänzenden Lichte die Wipfel des Bergkammes
sich so klar und deutlich abzeichneten, daß man jegliches Blatt an
den doch so weit entfernten Bäumen unterscheiden konnte, aber

um so mehr haben wir gedacht, und daß es lauter gute Gedanken waren, die in dieser schönen unvergeßlichen Nachtstunde durch unsere Seelen zogen, darauf will ich schwören.

Wie lange wir so dastanden und zusahen, wie sich da der große Mondball immer höher und höher über die Berge erhob — ich weiß es nicht. Aber es muß wohl eine geraume Zeit gewesen sein, denn der zurückgebliebene Freund zankte, daß wir ihn so lange allein gelassen und sein Töchterlein schmollte auch, aber der leichte Aerger verflog bald, als wir ihnen erzählten, wie wir den Mond angeschwärmt hätten und jetzt erst rückten wir näher zusammen und konnten gemüthlich plaudern. Unser Programm zeigte freilich noch ein Feuerwerk an und bald krachten die Kanonenschläge, die den Anfang verkündigten, und die Leute um uns erhoben sich und liefen zum Feuerwerksplatz, von dem jetzt auch Raketen in die Höhe zischten. Wir ließen die Menschen laufen und die Raketen fliegen und die Stunden flogen auch im fröhlichen Meinungsaustausch über so viele große Fragen, die die Menschheit fort und fort bewegen. Und so rasch flogen die Stunden, daß es spät nach Mitternacht war, als wir uns endlich zum Aufbruch entschlossen. Glücklich fanden wir auch noch einen schlafenden Fiaker, der uns, mit einigen Rippenstößen sanft erweckt, durch die herrliche Mondnacht nach unserm über eine Stunde entfernten Hotel heimbrachte.

# Die Gelehrten der fliegenden Blätter.

Es gab eine Zeit, und wir Alle wissen uns derselben noch recht gut zu erinnern, wo es im Gebiete der Tagespresse bei uns in Deutschland noch sehr dürftig aussah. Einige wenige größere Zeitungen dominirten seit undenklichen Zeiten die öffentliche Meinung, oder besser den öffentlichen Klatsch, denn eine öffentliche Meinung gab es damals noch gar nicht in Deutschland, alles Uebrige, was sonst das Licht der Oeffentlichkeit erblickte, beschränkte sich auf Anzeigen ähnlichen Genres, wie wir dieselben noch heute in den Hauptstädten der kleinen deutschen Raubstaaten lesen und die sich gewöhnlich darum drehen, wer von den Bürgern frisches Bier auf hatte und bei wem just geschlachtet worden war. In der That werden es unsere Söhne kaum glauben können, wenn wir ihnen erzählen, daß einst die gesammte öffentliche Meinung in Wien und Oesterreich von einer in der kleinen Stadt Augsburg erscheinenden Zeitung beherrscht wurde und daß von all den riesigen Blättern, die jetzt die Wiener Journalistik repräsentiren, und die sich so gerne fort und fort selbst als „Weltblätter" bezeichnen, kein Einziges existirte.

Im Gebiete der belletristischen Tagespresse sah es womöglich noch jämmerlicher aus, als in dem der politischen. Nehmen wir doch einmal so einen Jahrgang der verschollenen Bäuerle'schen „Modezeitung" her, blättern wir darin und vergegenwärtigen wir uns dann, daß unsere Väter und Mütter diesen Schund für ein äußerst geschmackvoll redigirtes Organ hielten und dasselbe so stark lasen, daß der Eigenthümer nicht nur wie ein Fürst leben konnte, sondern auch fast neben Metternich die wichtigste und interessanteste Persönlichkeit des vormärzlichen Wiens war.

Da ist es nun gewiß nicht unfruchtbar, die Geschichte eines Organes etwas näher zu verfolgen, das zuerst muthig den Kampf mit dem damals herrschenden Ungeschmack aufnahm und denselben in Wesen und Form so brillant durchführte, daß sein Auftreten recht wohl als ein culturhistorischer Moment von den wichtigsten Folgen für deutsche Bildung und deutschen Geschmack bezeichnet werden kann.

Der deutsche Humor, der in der Tagespresse bisher keine Vertretung gefunden hatte, documentirte sich zuerst auf glänzendste Weise in den „Fliegenden Blättern," ebenso wie die deutsche Novellistik, die in den damaligen Organen, welche in erster Linie nur der Mode und dem Theaterklatsch huldigten, stets die zweite Rolle gespielt hatte.

Die „Fliegenden Blätter," die heute noch lustig über alle Welt dahinflattern und überall bekannt sind, wo deutsch gesprochen wird, wurzeln ganz specifisch im Münchener Boden. Nur der harmlos glückliche Humor, der das Münchner Künstlerleben vor 1848 durchwehte, konnte die „Fliegenden Blätter" hervorbringen, die so ganz und gar die deutsche Natur mit all' ihren blauen romantischen Träumen, mit all' dem gutmüthigen Spott über sociale Gebrechen, mit all' dem unergründlichen Schatz von Poesie, der sich in Scheidemünze verzettelte, mit all' dem unter Thränen lachenden Humor repräsentiren, wie nicht leicht ein zweites deutsches Blatt.

Es war eine stille gemüthliche Zeit der Anfang der vierziger Jahre, in die auch der Anfang der „Fliegenden Blätter" fällt. Das Kunstleben in München stand zu der Zeit in höchster Blüthe, die Gemüther waren damals noch nicht durch alle die Politik, die sie später verarbeiten mußten, vergrämt und verbittert, der Verdienst war reichlich, die Leute brauchten zu der Zeit noch nicht all' ihr Geld für's Militär auszugeben und ergaben sich deshalb gern einem behaglichen fröhlichen Lebensgenusse. Wie Märchen klingen uns aus dieser Zeit herüber die Schilderungen der glanzvollen Künstlerfeste, die im Winter in den Prachtsälen der Residenzstadt, im Frühling und Sommer in den herrlichen Umgebungen der Stadt auf den walbigen Höhen der Menterschwaig und Großhesselohe mit seltsamem Glanz gefeiert wurden.

In dieser Zeit hatten sich zwei Freunde zusammen gefunden, deren Namen, den jetzt Millionen von „Fliegenden Blättern" längst bekannt gemacht haben, bis dato noch sehr dunkel erschienen. Die Herrn Braun und Schneider errichteten ein Atelier für Holzschneidekunst, ein ziemlich gewagtes Unternehmen in Anbetracht des Umstandes, daß dazumal der Holzschnitt noch sehr neu in Deutschland war und nur wenige illustrirte Blätter existirten, die, mit nur einer einzigen Ausnahme, kümmerlich mit Cliché's und abgenutzten alten Holzstöcken ihr Leben fristeten. Man sehe nur die Pfennigmagazine, Hellermagazine und dergleichen aus damaliger Zeit an, und man wird staunen über die Aermlichkeit der Illustrationen, die unsere jetzt tagtäglich mehr verwöhnteren Augen schier nicht mehr begreifen können.

Diese einzige ehrenwerthe Ausnahme, die wir eben erwähnten, war die „Leipziger illustrirte Zeitung" und es konnte nicht fehlen, daß das junge Geschäft von Braun und Schneider, das sich von Anfang an durch schöne saubere Arbeit hervorgethan, auch für den großen Importeur des Holzschnittes in Deutschland, Herrn J. J. Weber in Leipzig, genug zu thun bekam.

Wenn nun die großen, schönen Holzschnitte so nach Leipzig hinwanderten, seufzten die Herrn Braun und Schneider recht tief und kamen schließlich auf die Idee, daß Deutschland groß sei und daß man nicht gar zu viel riskire, wenn man am Ende noch eine „Illustrirte Zeitung" herausgäbe.

Die beiden Herren hatten Freunde und sprachen mit denen über die Sache und da war namentlich einer, Dr. E. Fentsch aus München, jetzt königlich baierischer Regierungsrath, damals aber schon als fröhlicher Mann und tüchtiger Schriftsteller bekannt, der unter dem Namen „Frater Hilarius" längst angefangen hatte, seine classischen Maipredigten an den Künstlerfesten zu halten, der nahm die Idee der Herren Braun und Schneider so begeistert auf, daß er von ihnen sofort mit der Ausführung der Arbeit betraut wurde. Dr. Fentsch fing nun an, bei seinen Freunden unter den Schriftstellern herumzugehen und um Manuscript zu werben, aber siehe da, es wollte kein Mensch etwas hergeben und die Schriftsteller waren zu jener Zeit auch dünner gesäet als jetzt. Das genirte aber die Herren nicht. Dr. Fentsch hatte das Manuscript für die erste Nummer zusammengebracht und meinte, der liebe Gott werde schon für die zweite sorgen. Und so that er, er hat für die zweite, dritte, und für die 1292ste gesorgt und wird wohl auch ferner noch den „fliegenden Blättern" ein fröhliches Gedeihen schenken. Gleich die erste Nummer schlug mächtig ein; der Ton, die Art und Weise der Arbeit, die netten Holzschnitte, das Alles hatte in der Luft gelegen. Jeder Mann sagte sich, das hast Du Dir auch so und so gedacht, das konnte gar nicht anders werden, und es ist gut und schön so. Sei's nun, daß die Erzählungen, von denen gleich die erste, „das Heidelberger

Faß" von Fentsch war, sehr gefielen, sei'ß, daß die Holzschnitte
ansprachen, genug, schon nach den ersten Paar Nummern zählten
die „fliegenden Blätter" — der Name hätte auch nicht passender
gewählt werden können, — schon ihre Abonnenten hoch in die
Tausende und die Existenz des jungen Unternehmens war ge=
sichert. Jetzt fanden sich auch Mitarbeiter die Hülle und Fülle
und es war gar ein lustiges Arbeiten in dem Redactionsbureau
von Braun und Schneider am Dultplatz zu München. Da
schrieb Fentsch seine reizenden poetischen Novellen, Trautmann
erzählte vom alten München so schön und innig, daß man be=
dauerte, nicht vier Jahrhunderte früher zur Welt gekommen zu
sein, Graf Pocci, der originelle und geistreiche Dichter und
Künstler, schuf seinen classischen Staatshämorrhoidarius und die
Figuren des kereoplastischen Cabinets, Hermann Marggraff, der
jetzt längst unter dem grünen Rasen schlummert, erzählte seine
drolligen Schnurren und Münchhauseniaden von Fritz Beutel,
Levin Schücking schrieb seine herrliche Novelle: „die drei Freier,"
sogar Ludwig Steub, der große Gelehrte, brachte eine reizende
Erzählung vom „Seefräulein;" außer diesen Genannten war noch
ein ganzes Heer von jungen namenlosen Dichtern vorhanden,
die alle ihre schönsten Lieder den „fliegenden Blätter" gaben. Nur
einige Wenige von ihnen haben später Ruf bekommen, aber
gerade von manchen Namen, den keine Literaturgeschichte kennt,
waren Gedichte unterzeichnet, die wahre Perlen genannt werden
müssen.

Und dieses Heer von Künstlern, die alle für die „fliegenden
Blätter" zeichneten! Da war Toni Muttenthaler, der leider un=
längst gestorbene artistische Leiter der „illustrirten Zeitung;" aus
wie viel hundert Zeichnungen tritt uns sein markiger, breiter und
bequemer Bleistift entgegen. Wie herrlich waren die feinen und gra=
ziösen Skizzen von Schmolze, der in die pfälzische Revolution ver

wickelt, ein dunkles Grab in England gefunden. Was hat Spitzweg für köstlich=naive Sachen geliefert und wer erinnert sich nicht der classischen Figuren des Winters, Carnevals 2c. 2c. des großen Meisters Schwind! Da war der humoristische Karl Reinhardt mit seinen urkomischen Gestalten und Gruppen; da finden wir Stauber mit seinen graziösen Bildern aus dem Hochlande und viele andere wahre Künstler. Wie Viele könnten wir noch nennen, wie manchen herrlichen Holzschnitt, der da in den 51 Bänden begraben liegt und bei dem kaum ein An= fangs=Buchstabe, oft nur die Manier den genialen Künstler, der ihn schuf, verräth.

Mit 1848 trat ein entscheidender Wendepunkt auch bei den „fliegenden Blättern" ein; der Zauber der Romantik, der uns aus ihren vor 1848 erschienenen Blättern so übermächtig ent= gegenweht, diese unsagbare und doch so entschieden hervortretende specifisch süddeutsche Färbung, die namentlich für uns Nord= deutsche einen so eigenthümlichen Reiz hatte, — das Alles ist mit einem Schlag verschwunden. Zwar waren die „fliegenden Blätter" tactvoll genug, sich an ihr ursprüngliches Programm und aller Politik fern zu halten, aber die schwere fried= und freudlose Zeit spiegelte sich auch in ihnen wieder und ganz konnte sie sich doch dieser Alles niederdrückenden, bezweifelnden und benergelnden Stimmung der traurigen Reactionsjahre nicht entziehen. Aber wenn die „fliegenden Blätter" auch ihren so eigen= thümlich schönen süddeutschen Charakter unwiederbringlich ver= loren hatten, ihren Humor gewannen sie wieder, davon geben die zwanzig und etliche nach 1848 erschienenen Bände rühmlich Zeugniß. Wir wollen nur einzelne der köstlichen Episoden aufzäh= len, deren sich jeder Leser der „fliegenden Blätter" nur mit dem herzlichsten Lachen erinnern kann.

Die ganze Biedermayer Poesie fällt uns zuerst ein, wer

erinnert sich nicht der köstlichen Figuren des Biedermayer, des Buchbinders Horatius Treuherz, des pensionirten Majors und ihrer herrlichen poetischen Erzeugnisse, wer hat nicht von Herzen gelacht über die genialen Mystificationen, welche dem „weiland Biedermayer" ein Gedicht der Goethe'schen Muse unterschob. Wir blättern weiter in den schönen Bänden, da schlagen wir das „Buch der Jahrtausende" auf. Wo bleiben unsere Becker, Schlosser und Rotteck gegen diese geniale Art, Geschichte zu schreiben und zugleich zu illustriren.

> Nicht lang indeß und man erkannte,
> Daß annoch an des Orbis Rande
> Gemüthlich wild der Deutsche saß,
> Den zu erobern man vergaß.

Mit diesen inhaltsschweren Zeilen wird das Auftreten der Germanen in der Weltgeschichte geschildert und der Künstler zeichnet dazu als Urgermanen einen kleinen Herrn mit struppigem Bart und einer großen Brille auf der kolbigen Nase, der sich hinter seinem Maßkrug eine Pfeife stopft. Dieses Gesicht kehrt oftmals in den fliegenden Blättern wieder, aus den mannigfachsten Verkleidungen schaut es heraus und immer ist es mit einem guten Trunk irgendwie in Verbindung gebracht. Hier in München ist es gar wohl bekannt, daß es der Gründer und Eigenthümer der ,,fliegenden Blätter," Herr Caspar Braun ist, dem dieses so grimmige Gesicht gehört und der als der eifrigste Mitarbeiter an den,,fliegenden Blättern" sich selbst oft in dieser harmlosen Weise carrikirt hat. Viel tausende der besten schlechten Witze, der ergötzlichsten Einfälle, der schnurrigsten Bilder sind von ihm, der doch so sauertöpfisch dreinschaut, als ob er nie gelacht hätte in seinem Leben, und die meisten classischen Figuren, wie z. B. Eisele und Beisele, Heulmaier und Wühlhuber ꝛc ꝛc. verehren in ihm den Erzeuger.

Blättern wir abermals weiter, wie ergötzlich waren die Tartarennachrichten aus dem Krimkriege illustrirt, wie prächtig geißelten sie das Zeitungsschreiben der Gegenwart in aller seiner Hohlheit und Unehrlichkeit.

Eine der classischesten Parobien, welche überhaupt jemals geschrieben worden sind, war in Bild und Wort das Drama: „Tschindadra Bum Bum." Wie so viele Leser werden gleichgiltig die Seiten überflogen haben, ohne zu ahnen, daß hier Hebbels „Judith" mit allen maßlosen Auswüchsen dieses so eigenartigen Talentes, das sich zumeist in ungeheuerlicher Reckenhaftigkeit gefiel, auf die wunderbarste Weise carrikirt war.

Die komischen Typen des Reiselebens haben von jeher die „Fliegenden Blätter" sehr interessirt. Den Weltfahrern Eisele und Beisele, die allüberall freundlich aufgenommen wurden, folgte Heulmaier und Wühlhuber, Blaumaier und Frau Nanni und neuester Zeit der wohlangesehene Bürger Graf aus Pirna mit seinem Sohne Fritzchen und seinem Freunde, dem Malermeister Kohle. Gleich auf der ersten Reise erhält Fritzchen grimmige Schläge, weil er als Resultat des Auftrages seines Vaters, sämmtliche Stationen zwischen Hof und München aufzuschreiben, einen längeren Zettel vorzeigt, auf dem in schöner Abwechslung: „für Herren, für Damen" und „für Frauen, für Männer" steht. Schlagen wir einen andern Band auf, so fällt unser erster Blick auf die Nummer 1000 der „Fliegenden Blätter." Das war wohl ein seltenes und schönes Fest für das einmal wöchentlich erscheinende humoristische Blatt! Tausend Wochen — ein Menschenalter — konnten wohl als Jubiläum für die „Fliegenden Blätter" gelten.

Einer aber, der am wackersten mitgearbeitet hatte, daß die Nummerzahl bis 1000 anschwellen konnte, dessen Augen mit ängstlicher Sorgfalt auf jedem dieser vielen Blätter geruht, der am meisten interessirt war an dem Gedeihen des Unternehmens, der Miteigenthümer desselben, Friedrich Schneider, sollte das schöne Fest nicht mehr erleben, nicht lange vorher war er zum ewigen Frieden entschlafen. An seine Stelle war der Künstler Eduard Ille getreten, dessen markigen, bedeutungsvollen, aber nur zu oft sehr eigenartigen Zeichnungen wir von nun an öfter begegnen.

Wie dieses Jubiläumsfest privatim in der Anstalt der „Fliegenden Blätter" gefeiert wurde, weiß ich nicht zu berichten, aber die öffentliche Feier desselben war eine so originelle, daß ich derselben einige Zeilen widmen muß.

Kaulbachs großer und gewaltiger Carton: „die Reformation" war zu der Zeit nicht lange erst fertig geworden und hatte auf's Neue den alten Streit um die Berechtigung der Kunst, Männer aus den verschiedensten Jahrhunderten auf einem Blatt zum gemeinsamen Wirken zusammen zu stellen, angefacht. Eduard Ille kam nun auf die glorreiche Idee, diesen berühmten Carton zu seinen Zwecken auszubeuten und alle die komischen Figuren, die die „Fliegenden Blätter" über den ganzen Erdball getragen haben, in der Gruppirung der Kaulbach'schen „Reformation" zusammenzustellen, Alles zur Feier der tausendsten Nummer der „Fliegenden Blätter." Die Nummer erschien mit dieser Zeichnung an der Spitze und ist wohl eine der besten, welche die „Fliegenden Blätter" je gebracht haben, denn diese berühmte Carricatur darf zugleich als eine wirkliche Chronik der Geschichte des humoristischen Blattes angesehen werden, weil auf ihr alle die Typen des Zopfes und des Lächerlichen in Literatur, Kunst und Leben, über die wir so oft und herzlich schon gelacht haben, an uns vorbei wandern.

Wo bei Kaulbach Luther die Bibel hoch empor hält, da zeigt hier das Münchner Kindel dem erstaunten Volke die tausendste Nummer der „Fliegenden Blätter." Wo auf der „Reformation" Copernikus die Kreise seines Weltsystems zieht, da schießen in den „Fliegenden Blättern" die Sonntagsjäger Spatzen, und wo der große Meister auf seinem weltberühmten Carton Albrecht Dürer seine Apostel malen läßt und sich selbst bescheiden als Farbenreiber hinstellt, da klext bei Jlle auf der Carricatur der Anstreicher seine famosen Thierbilder. Rechts vom Münchner Kindel stehen die classischen Figuren: Leonardo und Blandine, Sarastro und Papageno; wo Kaulbach seine Geographen und Entdecker um den Globus gruppirt hat, da unterhalten sich die großen Reisenden der „Fliegenden Blätter," die wir schon oben erwähnt haben. Vorn in der Mitte erhebt sich der Altar Amicitia, über dessen hellbrennende Flamme sich der köstliche Biedermayer, der Buchbinder Horatius Treuherz und der Gutsbesitzer von Zips ewige Freundschaft schwören. Zu den Füßen des Altars, da wo Kaulbach Hans Sachs hingezeichnet, sitzt hier der Staatshämorrhoidarius tief in Acten vergraben und schreibt an seinen Memoiren. Der ganze rechte Vordergrund, den bei Kaulbach die Humanisten einnehmen, wird hier von bekannten Figuren ausgefüllt, die einer Vorlesung des Master Vorwärts andächtig zuhören, unter denen uns namentlich „Joel Rosenzweig was seinen Vetter hat einpöckeln lassen" und eben dieser eingepöckelte Vetter selbst sehr lebendig entgegentreten. Der alte König von Burgund eröffnet feierlichen Schrittes eine Procession, in welcher in buntester Reihe der türkische Schneider, die Studenten, die Engländer, die Sonntagsjäger, der Handwerksbursche, Eduard und Kunigunde, der Schwallangschee̊r, der Winter, der blutdürstige Ritter und viele andere jener ergötzlichen Marionetten folgen, mit denen die „Fliegenden Blätter" die Gebrechen und Lächerlichkeiten unserer Zeit darstellten und geißelten.

Jetzt sind gar viele Nummern zu der Tausendsten hinzu gekommen, die letzte zählt Nr. 1292, aber das urewige Gesetz des Werdens, Wachsens, Blühens und Vergehens offenbart sich auch bei ihnen, die „Fliegenden Blätter," die einst so lustig dahinflatterten, fangen an, alt zu werden und ihr Flug ist matt geworden.

Viele von den Helden der Feder und des Bleistiftes sind gestorben, Andere arbeiten nicht mehr mit, hohe Stellungen und Berufsgeschäfte haben ihnen den Humor verdorben. Neue Kräfte sind an ihre Stelle getreten, aber sie erreichen die alten nicht, viel weniger können sie dieselben ersetzen. Wie sollten sie auch! Ist doch die Zeit eine viel trübere geworden und der fröhliche Humor, der früher die Münchner Künstlerschaft beseelte, ist längst eine Tradition von anno dazumal und rafft sich kaum noch hin und wieder zu öffentlichen Festen auf, die auch längst nicht mehr sind, was sie sein sollten.

Unter den novellistischen Beiträgen macht sich dies Verwelken am fühlbarsten bemerklich, was wohl zumeist an der kritiklosen Auswahl liegen mag. Novellistische Perlen, wie deren früher so viele zu finden waren, sind für die „Fliegenden Blätter" längst zur verklungenen Sage geworden. Die alten Poeten sind verstummt, von den neuen ist nur Karl Stieler mit seinen allerdings entzückend schönen mundartlichen Gedichten zu erwähnen, und hin und wieder bringt Seyfried ein inniges, schönes Lied.

Von den Künstlern haben sich neuester Zeit Oberländer und Busch besonders bemerklich gemacht. Der erstere zeigte anfangs ein eminentes Talent, das zu den schönsten Hoffnungen berechtigte: nicht nur die „Fliegenden Blätter," sondern auch andere illustrirte Journale, wie „Gartenlaube," „Daheim" ꝛc., brachten Zeichnungen von ihm, deren Genialität an Rembrandt erin=

nerte. Aber er hat die Hoffnungen, die man auf ihn setzte, nicht erfüllt. Er hat sich derartig in seine Carricaturen eingelebt, daß er nicht mehr im Stande ist etwas wirklich Wahres und Schönes zu zeichnen, jeder Strich wird unter seinem Bleistift zur Fratze. Die drolligen Geschichten von M. Busch erregten durch den Lakonismus von Zeichnung und Text anfangs viele Heiterkeit, wiederholten sich dann aber schließlich so, daß das Publicum ihrer überdrüssig wurde.

Wenn nun unter diesen Umständen der Lesekreis der „Fliegenden Blätter" natürlich auch bedeutend zusammengeschrumpft ist, wozu auch die große Concurrenz, die namentlich die politisch-humoristischen Blätter, wie „Wespen," „Floh," „Kikeriki" ꝛc. dem alten Unternehmen gemacht haben, ihr redlich Theil mit beigetragen haben mag, so ist doch noch eine ansehnliche Zahl von alten Freunden, zu denen auch ich gehöre, ihnen treu geblieben und wird ihnen treu bleiben, bis das letzte „Fliegende Blatt" erschienen ist und diese Freundesschaar begrüßt den Samstag, den Tag der Ausgabe der „Fliegenden Blätter" allemal mit einer gewissen freudigen Erwartung, wenn dieselbe auch noch so oft bitter getäuscht wird.

# Therese Krones rediviva!

Es war im Herbst vorigen Jahres. Ich war seit acht Tagen in Wien und hatte von einem Abend zum andern in das Theater an der Wien gehen wollen, um Berg's damals so viel Sensation machendes Stück — wie viel neue Volksstücke der fruchtbare Autor seither geschrieben, weiß ich nicht — „an der schönen blauen Donau" zu sehen.

Ich schaute mir einen Augenblick das Gewühl vor dem bekannten schrecklichen Eingang des classischen Vorstadttheaters an, aber auch nur einen Augenblick, denn die unsagbaren Gerüche, welche der Wienfluß — überall anderswo würde man diesen entsetzlichen Fluß mit mehr Recht eine Gosse oder eine Cloake heißen — mit bewundernswerther Energie aushauchte, jagten mich schleunigst in das Innere des Theaters. Für einen Fremden ist es unerklärlich, wie die elegante Residenzstadt, die die Hunderttausende für alle möglichen Gegenstände nur so hinauswirft, diese Cloake dulden kann, die eine wahre Schmach für ganz Wien ist und für alle Anwohner des entsetzlichen Flusses eine beständige Pestquelle sein muß. Wäre es nicht nützlicher gewesen, die Tausende, welche die überflüssige Vergoldung der Gitter am Volks- und am Burggarten gekostet haben soll und

die alle Fremden zu frivolen Parallelen zwischen dem dort glän=
zenden Gold und dem Papiergeld geradezu herausfordert, zur
Desinficirung und Unschädlichmachung dieses Styx zu verwenden?
Doch was kümmert's uns, wir wohnen, Gott sei Dank! nicht an
der Wien, mögen die beglückten Anwohner des reizenden Flusses
selber so lange schreien, bis die Wohlweisen der Haupt= und
Residenzstadt endlich hören müssen.

Wir sind also im Theater an der Wien. Natürlich haben
wir einen Balconsitz, unsere Nachbarschaft — links ein älterer
Herr, ohne Zweifel ein Börsianer, denn er wird bei den An=
griffen, die im Stück auf einen liebenswürdigen Börsianer und
Wucherer geschleudert werden, ordentlich unruhig und ängstlich,
rechts eine ältere Dame, die uns lediglich durch ihr beständiges
Tabakschnupfen interessirt und unsern Abscheu vor derlei weib=
lichen Unholden nur noch verstärkt — bietet uns in keiner
Weise Anknüpfungspunkte und nothgedrungen müssen wir unsere
Aufmerksamkeit auf die Bühne concentriren. Das Theater an
der Wien hat für einen Fremden einen ganz eigenthümlichen
Reiz, den der Einheimische gar nicht so fühlen kann. In diesem
Theater concentriren sich für den Auswärtigen alle Erinnerungen
an das alte Wien, das wir ja hauptsächlich nur aus den Ro=
manen Bäuerle's kennen. Wo ist die gemüthliche Zeit hin, wo
sich das Interesse einer Weltstadt lediglich darum drehte, mit
wem die Krones gestern soupirt hatte, und mit wem sie morgen
soupiren werde! Und doch sterben die Therese Krones nicht aus.
Sitzt doch da unten in der Parterreloge eine Dame, deren an=
muthiger Kopf fast ganz von einem riesigen Blumenbouquet ver=
borgen wird, nur wenn sie hin und wieder einmal hervorschaut,
können wir die interessanten und gutmüthigen Züge erkennen,
und von ihr, der modernen Therese Krones, ist uns gar Vieles
erzählt worden.

Ich kann mir nicht helfen, sollt' ich auch auf's Gröblichste gegen den Wiener Geschmack verstoßen, Berg's Posse „an der schönen blauen Donau" ist herzlich langweilig, wir kennen ja das Alles schon in hunderterlei Gestalt: die komischen Hausherren, die nicht komisch sind, ihre Frauen die Xantippen, die braven tugendhaften Dienstboten, die in alle möglichen Versuchungen hineingeführt werden — Alles schon dagewesen, sagt Ben Akiba!

Wie anziehend ist dagegen dieses Fräulein, man könnte ihr stundenlang gegenübersitzen und den Blick ausruhen lassen auf diesen schönen, weichen Gesichtszügen. Und wie kommen und gehen da die Gedanken, wenn man in so ein anmuthiges Frauenantlitz sieht, wie wachsen und erstehen da Bilder auf Bilder, in deren Mitte immer sie steht und immer nur sie!

Es ist tief im Herbst; der auf Münchens rauher Hochebene sich fast immer wüst und wild anlassende October hat mit seinem kalten Hauch längst alle Blätter von den Bäumen gefegt. Die zum Kirchhof führenden Straßen außerhalb des Sendlinger Thores sind sehr belebt, denn Allerseelen ist vor der Thür und wer hätte nicht draußen in der weiten Todtenstadt irgend etwas Liebes, dessen letzte Ruhestätte an diesem den Abgeschiedenen gehörigen Feiertage glänzend geschmückt wird. Das Leben rollt so schnell und hastig, daß uns wenig Zeit bleibt, an den Tod zu denken, deshalb haben wir uns, ordnungsliebende und systematisch denkende Menschen wie wir sind, einen Tag im Jahre gesetzt, der lediglich der Erinnerung an die Todten gehört, einen Festtag zur Trauer, wie wir uns ja sonst auch Festtage zur Freude setzen. Auf dem weiten Gottesacker wimmelt es von geschäftigen Menschen, die Alle die Gräber verzieren, die Beschädigungen des vergangenen Jahres ausbessern, Blumen und Kränze an die geeigneten Orte vertheilen, Lampen und farbige Laternen arrangiren 2c. 2c. 2c. So ist bei einem Grabe des alten Friedhofes ein Mann eifrig beschäftigt, den Rasen zu beschneiden und das Blumenbeet zu ebnen, er sieht gar nicht auf von seinen Arbeiten und doch sehen wir an seinen geschmeidigen Formen, an den kräftigen energischen Bewegungen, daß er noch jung sein muß. Plötzlich weckt ihn ein unmuthiges „Ah" in nächster Nähe von Frauenmund ausgestoßen, hoch richtet er sich auf und wir sehen, daß er nicht nur jung, sondern auch schön ist, fast zu schön für einen Mann. Er sieht bei dem nächsten Grabe ein junges Mädchen, das sich vergebens bemüht, auf ein hohes Kreuz einen Kranz aufzuhängen und nach mehreren mißlungenen Versuchen den unmuthigen Ausruf ausgestoßen hatte. Der junge Mann trat gutmüthig näher und sagte: „Geben Sie mir den Kranz, Sie bemühen sich vergebens, ich bin größer und werde ihn gleich oben haben!" Damit nahm er ihr den Kranz ruhig aus den Händen und befestigte ihn am Kreuz. Die Augen des Mädchens ruhten wohlgefällig auf dem schönen Jüngling, dann sagte sie mit wohlklingendem vollem Organ: „Ich danke Ihnen, mein Herr, Sie sind sehr gütig."

„Haben Sie vielleicht noch irgend etwas zu richten?" fragte er. Sie antwortete aber wie traumverloren nur nochmals: „Ich danke Ihnen, mein Herr, Sie sind sehr gütig."

„Dann kann ich wieder zu meinem Grabe zurückkehren," sagte er ruhig, zog artig grüßend den Hut und ging hinüber an das benachbarte Grab, er hatte aber nicht lange gearbeitet, so hörte er leichte Schritte und sah das junge Mädchen bei sich stehen. „Wer liegt hier?" fragte sie ihn, als wenn sie alte Bekannte gewesen wären. „Mein Vater," antwortete er, „mein lieber, alter Vater." „Und da drüben liegt meine Mutter," sagte sie, wie wenn sie ihm beweisen wollte, daß sie ein eben so gutes Recht habe, da zu sein, wie er.

„Ich weiß es," nickte er.

„Kennen Sie mich denn?" fragte sie jetzt.

„Wer sollte die berühmte Schauspielerin des Auer Volks= theaters nicht kennen!" entgegnete er, „habe ich Sie doch wie oft schon draußen bewundert!"

„Und was sind Sie denn?"

„Ich? ein Student!"

„Und Sie heißen A.....?" Dabei trat sie zum Kreuz hin und las einen französisch klingenden Namen herunter. Sie wartete die Antwort aber gar nicht ab, sondern sagte rasch: „Wenn Sie nichts Besseres zu thun haben, so begleiten Sie mich in die Vorstadt, wir müssen aber etwas rasch gehen, denn ich muß heute Abend noch spielen." Sie gingen natürlich miteinander.

Vier Wochen später finden wir den jungen Mann vom Kirchhof an der Cassa des Schweiger'schen Volkstheaters.

„Heute wird's voll, Herr Doctor," sagte die an der Cassa sitzende alte Frau. „Es ist halt merkwürdig, wie die Marie immer zieht, wenn sie auf dem Zettel steht."

Der Student brummte etwas Unverständliches vor sich hin, und wollte gehen, nachdem er sein Billet bezahlt hatte, doch die Alte rief ihm nach: „Bald hätte ich's vergessen. Sie sollen in die Garderobe kommen im zweiten Zwischenact, hat die Marie gesagt."

„Ich wäre ohnedies gekommen," rief der Student zurück und machte sich durch die Menschenmenge Bahn nach seinem Parketsitz. Es war wirklich voll, wie die Alte gesagt hatte, der Name der jungen Künstlerin als Therese Krones auf dem Zettel zog immer.

Ein merkwürdiges Theater, diese Schweiger'sche Bretter= bude in der Vorstadt Au bei München! Unmittelbar am Fluß wird dem Fremden jetzt noch der Platz gezeigt, wo so lange

Jahre hindurch im elenden Bretterhaus Komödie gespielt wurde. Und doch, wie viele Menschen haben sich daran erfreut, wie viele wackere Künstler haben auf diesen schlechten Brettern gespielt und endlich — wie mancher schöne Gulden floß in die Cassa des Directors, der, als er sein Theater endlich aufgab, weil er sich mit dem neuen Actientheater darüber vereinbart hatte, von seinen Renten behaglich auf einer hübschen Villa am Starnbergersee lebte. Leider sollte der als trefflichster Komiker in München in so gutem Andenken stehende Schweiger sein otium cum dignitate nicht lange genießen, eine heftige Krankheit raffte ihn schnell hinweg.

Zu der Zeit aber, wo wir eben das Theater in der Au besuchen, dachte noch kein Mensch an ein Actientheater und der alte Schweiger spielte und dirigirte noch flott. Die ersten Acte der „Therese Krones" gingen prächtig vorüber. Daß natürlich oben von der Bühne hinunter sehr viel zu einem gewissen Parketplatz hingespielt wurde und daß der auf diesem gewissen Eckplatz sitzende Herr sehr viel wieder hinaufspielte, bedarf wohl weiter keiner Erwähnung. Nach dem zweiten Fallen des Vorhanges verließ selbiger Herr seinen Platz eiligst und ging hinten auf die Bühne. Man sah an seinem sichern Gang sehr deutlich, daß er hier, wenn auch nicht zu Hause, so doch gut gelitten war. Nur als er in die Damengarderobe hinein wollte, erschien ein alter weiblicher Cerberus und wollte ihn abhalten, weil die Damen eben beim Umkleiden seien.

„Aber ich bitt Ihnen, Müllern, seien's doch nicht so dumm," tönte hinter einem Teppich, der eine Art Vorhang bildete, eine klare Stimme hervor. „Es ist ja mein Karl und dem ist's nichts Neues mehr, wenn ich ein anderes Gewand anlege." Brummend ging der Cerberus bei Seite und der junge Mann trat in einen mäßig erleuchteten Raum, der den bekannten trostlosen Anblick einer Damengarderobe, hier aber noch ärmlicher, noch unreinlicher und trostloser als gewöhnlich bot. Und doch, wie wurde der häßliche Raum auf einmal belebt, als ein junges schönes Mädchen, das ersichtlich noch bei den ersten Anfängen ihrer Toilette war, dem Eintretenden entgegensprang, ihm die weißen, vollen, nackten Arme um den Hals schlang und ihn heiß küßte.

„Grüß' Dich Gott, Herzensschatz, hab' ich's doch kaum erwarten können, daß Du kommst, so hab' ich Sehnsucht nach Dir gehabt. Und zu Deinem Geburtstag gratulire ich Dir vieltausendmal und schenke Dir dies und dies und dies" — dabei drückte sie jedesmal die schwellenden Lippen auf den blonden Schnurbart des geliebten Mannes. Es war ein reizendes Bild, dies junge, frische, üppige Mädchen in den Armen des schönen Jünglings.

Jetzt erst kam sie zum Bewußtsein des mangelhaften Zustandes ihrer Toilette, kreuzte beide Arme über den noch von keinem Corsett gefesselten vollen Busen und sagte: „So, da setzest Du Dich jetzt her und schaust Dich nicht um, so lange bis ich fertig bin. Aber ja nicht umsehen, bis ich's erlaube!"

Gebuldig setzte er sich auf den ihm angewiesenen wackeligen Stuhl und entdeckte sofort zu seiner großen Freude, daß ihm gegenüber der große Toilettespiegel treulich das Bild seiner Geliebten zurückstrahlte.

Sie war eifrig bei ihrer Toilette beschäftigt und jetzt im Spiegel sah er so recht deutlich die stolzen üppigen Formen des schönen Mädchens, das wieder das Gespräch begann: „Du, Karl!"

„Was wünschst, Du, Marie?" antwortete er und fuhr schleunigst mit dem Kopf herum.

„Nicht umsehen, hab' ich gesagt" und dabei drehte sie

ihm energisch den Kopf wieder gegen die Wand und da sie den Spiegel noch immer nicht bemerkt hatte, so ließ er sich's ruhig gefallen.

„Ich wollt' nur fragen," begann sie wieder, „ob Du auch Alles ordentlich besorgt hast, drüben im „Lamm?"

„Ei freilich," entgegnete er, „wenn ich zu meinem Geburtstag ein großes Souper gebe, werde ich doch auch vorsorgen. Die Torte und den Champagner habe ich selbst heraus geschickt, ehe ich in's Theater ging, habe ich angefragt und die Wirthin sagte, die Gans sei ausgezeichnet. Gerochen hat sie sehr gut, das kann ich selbst versichern."

„Da wollen wir halt recht fidel sein," sagte sie und schlüpfte in die Seidenrobe, in welcher sie bei dem Souper des Marschalls Jaroszinsky erscheinen sollte.

„Fräulein Marie, sind Sie fertig? der Act beginnt gleich!" rief draußen der Inspicient.

„Jetzt fangt der auch noch an, mich zu sekiren!" rief das schöne Mädchen in komischer Verzweiflung, „da ist Niemand Schuld daran, wie Du, Karl, es gibt kein Fertigwerden, wenn Du da bist."

„Aber ich bitte Dich, liebe Marie, ich sitz' doch so ruhig da!" wollte er sich entschuldigen, sie aber ließ ihn nicht zu Wort kommen und befahl ihm, ihr das Kleid zuzuhäkeln. Die gröberen Finger des Mannes stellten sich aber recht ungeschickt zu der Arbeit an.

Eine Frau trat in die Garderobe: „Ich bitt' Dich Marie, eil', sie wollen anfangen und Alles wartet nur auf Dich, der Director steigt mit großen Schritten umeinander und brummt über Dich, daß Du im Entre-Act Dir die Cour machen läßt, anstatt Dich umzuziehen."

Das junge Mädchen lachte hellauf: „Laß ihn brummen,

er wird schon wieder gut werden auch, aber es ist ein Glück, daß Du kommst, Theres! Ich bitte Dich, mach' Du mir das Kleid zu. Jetzt hat der Mensch eine Schauspielerin zur Geliebten und kann nicht einmal ein Kleid zumachen. Was lernt Ihr denn auf Eurer Universität?"

„Das wahrlich nicht," lachte der Student und setzte sich wieder phlegmatisch auf seinen Stuhl. Sie aber sprang, als das Kleid von den geübten Händen ihrer Gesellschafterin, dame d'honneur und Zofe — denn alle diese Aemter bekleidete Frau Therese — schnell geschlossen war, auf ihn zu, drückte noch einen Kuß in sein lockiges Haar und war dann zur Thüre hinaus. Bald nachher klingelte es heftig, draußen begann der Act.

„Es ist ein Engel von einem Mädchen," sagte die Frau zu dem Studenten, dieser antwortete mechanisch, wie an etwas Anderes denkend: „ja freilich!" „Sie kann halt Niemanden was abschlagen und denkt gar nicht an sich," sagte die Frau weiter. „Denken Sie nur, Herr Doctor, gestern kam eine Collecte für die Frau Müller — Sie wissen ja, der Mann ist durchgegangen und hat die Frau mit ihren sechs Würmern sitzen lassen, was that die Marie, sie gibt ihr ganz Geld her, und wir haben nicht einen Kreuzer mehr zu Hause und ich weiß nicht, wie wir bis zum Gagetag leben sollen. Und heut' hab' ich ihre Brillant=Broche in's Leihhaus getragen — sie hat mir zwar verboten, ich soll Ihnen nichts davon sagen, aber es muß doch heraus."

„Nun da habt Ihr ja Geld vollauf," sagte er aufstehend.

„Nicht einen Kreuzer; die zwanzig Gulden, die ich dar= auf gekriegt habe, mußt' ich der Wagner's Marie geben, Sie wissen ja, das arme Mädchen liegt mit ihrem Kinde krank und elend da. Wir waren gestern bei ihr, ich sag' Ihnen, Herr Doctor, von der Noth machen Sie sich keinen Begriff!"

„Ich weiß, die Marie hat ein gutes Herz, sie baut sich lauter Stufen in den Himmel!"

„Und auf der Erde hat sie nichts zu essen, aber Schulden vollauf und Alles im Versatzhaus!" brummte die Frau.

„Lassen's gut sein, Theres, heute Abend bekommen wir Alle zu essen und zu trinken vollauf. Ich will nur jetzt hinunter gehen in's „Lamm" und einstweilen Alles herrichten."

Ungefähr eine Stunde später finden wir eine Gesellschaft von sechs Personen, von denen wir drei — den jungen Doctor, die Schauspielerin und ihre Gesellschafterin schon kennen, die andern drei sind Mitglieder des Theaters, in der Prachtstube des „Lammes" versammelt. Der Gänsebraten, von zwei Enten flankirt, war schon dem gesegneten Appetit der Versammelten zum Opfer gefallen, man war eben bei der Torte und beim Champagner angelangt. Das Zimmer war ziemlich niedrig und eng, auch nicht sehr glänzend meublirt, aber man war deshalb doch allerseits kreuzfidel. In der Mitte saß man um einen runden Tisch, der Raum daneben war durch eine Commode beengt, auf der, wie das in alten Münchner Bürgershäusern Sitte ist, eine Unmasse von allerlei Zierrath um eine große Stutzuhr aufgehäuft war. Da standen die großen Tassen der Frau Wirthin, da war ein Christuskind und eine Muttergottes in Wachs auf beiden Seiten je unter einem großen Glaskasten aufgestellt, Alles gar seltsam und verwunderlich anzusehen, namentlich hatte der Student sich über den Zierrath gefreut.

Mit dem ersten Glas Champagner war Leben und Fröhlichkeit in die Gesellschaft gekommen. Der erste Toast wurde dem Festgeber, dem Geburtstagskindl, gebracht. Die Schauspielerin hielt ihrem Geliebten eine drollige Rede und eilte dann ihm einen Kuß zu geben. Sie schalt über die alte Commode, die sie sehr unehrerbietig ein „Geraffelwerk" nannte, weil das alte weitbäuchige Meubel sich trennend zwischen sie und den Geliebten schob. Aber sie wußte sich zu helfen, sie probirte, ob die Schiebladen aufgingen und siehe da, die mittlere war nicht verschlossen, sie zog dieselbe halb heraus, setzte sich darauf und konnte nun neben dem Studenten sitzen, der allerdings mit Sorge auf die Uhr und die Glaskästen sah, die bei den heftigen Bewegungen der jungen Dame hin und wieder bedenklich zitterten, worüber sie aber jedesmal in ein tolles Gelächter ausbrach.

Man sprach von der Therese Krones und machte ihr Complimente über ihr Spiel. „Ach, was ist da zu spielen" meinte sie lachend, „ich bin ja ein Stück Therese Krones. Ich bin wie sie ein leichtblütiges, fesches Mädel, ich bin Schauspielerin wie sie, hab' liebe Collegen wie sie — dabei trank sie denselben zu — einen Schatz wie sie" —

„Da müßte ich mich doch feierlich dagegen verwahren" sagte lachend der Student, „ich hab' mein Lebtag noch Niemand erschlagen und denke das auch nicht zu thun. Und wenn der Champagner, den Ihr trinkt, auch gepumpt ist, er wird schon noch bezahlt werden, auch ohne daß ich meinen alten Hauslehrer umbringe."

„Die Geschichte war doch eigentlich schauerlich," sagte die Schauspielerin nachdenklich, „sie konnte doch unmöglich ahnen, daß der Graf Jaroszinsky ein Mörder war, sie saßen gewiß eben so fröhlich zusammen wie wir, sie hatten eben ihr Souper beendigt und fingen an Champagner zu trinken — wie wir. Sie war von ganzem Herzen fröhlich und ausgelassen und wollte ihm die Wolken von der Stirne küssen. Sie nahm ihren Schatz beim Kopf — so — dabei schlang sie den vollen Arm um den Studenten, — ließ ihn aus ihrem Glase trinken und sang ihm zu wie ich:

„Brüderlein fein, Brüderlein fein
Darfst nicht traurig sein."

Da plötzlich öffnet sich die Thüre und die Gensdarmen treten herein mit den furchtbaren Handfesseln. — —

Alles lauschte der Erzählung, dem Gesange — nie hatte die Schauspielerin so gespielt, so gesungen! Auf einmal öffnete sich wirklich die Thüre, die Schauspielerin erkannte den hereintretenden Komiker, der sich verspätet hatte, nicht, und warf sich, selbst gefangen von ihrer Fiction, mit einem lauten Schrei zurück in die Arme ihres Geliebten, die wackelige Commode bekam das Uebergewicht und Glaskästen, Uhr, Wachsbilder und Tassen, Alles, Alles stürzte mit einem donnerartigen Gekrache über einander und durcheinander und über die unglückliche Künstlerin und ihren Geliebten brach das ganze Chaos herein.

\* \* \*

Wenige Jahre sind vergangen. Wir sind in Glogau; auch eine schöne Gegend, wird Mancher sagen, der dort gewesen. Ich hatte eine Freundin, eine Sängerin, dort, die ich im Durchfahren besuchen wollte, denn welcher anständige Mensch hält sich in jener Gegend länger auf, als er muß.

Wir hatten eben den Caffee genommen: ich habe das Unglück, immer dem Lichte und der frischen Luft zuzustreben, so nahm ich mir die volle Tasse mit an's Fenster, wo ich zugleich eine discrete Cigarre rauchen konnte. Die Freundin trat zu mir und wir plauderten von diesem und dem. — Da plötzlich sehe ich auf der Straße eine eigenthümliche Erscheinung, ein junges Weib, leidend und vergrämt aussehend und dennoch im Gesichte mir so bekannt. Wo hast du die schönen Züge, diesen vollen üppigen Körper, den selbst eine abgeschossene, salopp und verkommen aussehende alte blauseidene Robe nicht verunstalten konnte, schon gesehen?

„Geschwind, liebe Emilie, wer ist die Dame?"

„Die da? Eine Collegin von mir, ein armes, unglück=
liches Wesen, die mir ein vollständiges Räthsel ist."

„Weshalb ist Ihnen die Dame ein Räthsel?"

„Die arme Marie ist eine tüchtige Künstlerin, ich meine
sogar, sie hat, wie nicht leicht eine andere, das Zeug zu einer
vorzüglichen Soubrette und sehen Sie nur, wie sie aussieht und
wie sie einhergeht."

„Weshalb aber verdient sie nichts, wenn sie doch tüchtig ist?"

„Sie hängt an einem Menschen, der ihr ganzes Unglück
ist. Was sie verdient, jagt er durch die Kehle und ist er ein=
mal betrunken, was jeden Tag vorkommt, da mißhandelt er
sie so furchtbar, daß ich immer fürchte, das arme Geschöpf
bleibt einmal unter der grausamen Behandlung."

„Woher wissen Sie denn das?"

„Sie wohnen Beide hier im Hause, eine Stiege höher
als ich, und vorgestern erst habe ich, als ich den schrecklichen
Lärm über mir hörte, den Hausherrn geholt, der den Un=
menschen von seinem Opfer wegriß und ihm mit der Polizei
drohte, wenn er sich noch einmal unterstände, das arme Geschöpf
zu mißhandeln. Seit der Zeit möchte er auch gerne mit mir
anbinden, er soll mir aber nur einmal kommen." Dabei ballte
sie drohend die weißen Händchen.

„Und weshalb läßt sie sich das Alles gefallen, sie hätte
doch in Ihnen, in dem Director, in jedem Collegen, ja in
jedem anständigen Menschen gewiß Schutz und Hilfe, wenn sie
darum bäte?"

„Das ist eben das Schreckliche, daß sie das nicht thut,
sie ist ja wahnsinnig vernarrt in den Menschen und würde sich
eher todtschlagen lassen, ehe sie Jemandem ihr Leid klagte und
dabei geht sie körperlich und geistig zu Grunde, und ich fürchte
allemal, sie thut sich noch etwas zu Leide."

Arme, schöne Marie, wo ist dein Frohsinn geblieben und wie hat sich bei dir Alles so schrecklich geändert; anstatt deiner früheren eleganten Toiletten diese blaue schmutzige, abgeblaßte Robe, statt deines fröhlichen Studenten, der dich auf Händen trug — dieser wüste Trunkenbold, der dich mißhandelt. — Arme Marie!!!

\* \* \*

Wieder sind Jahre verflossen und unsere Träume fliegen weit weit nach Norden an die Gestade der Ostsee. Dort liegt unter der Herrschaft des weißen Adlers eine alte deutsche Handelsstadt, deutsch durch und durch, trotz der russischen Herrschaft, die bekanntlich dem Deutschthum wenig hold ist. Deutscher Fleiß und deutsche Intelligenz haben hier seit langen Jahren große Reichthümer angehäuft und der Handelsherr, wie der Bürger erfreuen sich einer Wohlhäbigkeit, wie selten wo. Und sie genießen die Gaben des Reichthums, sie sperren das Geld nicht ängstlich in den Kasten, sondern verwenden es weise und klüglich zu behaglichem Lebensgenuß.

Hiezu rechnen sie in erster Linie ihr deutsches Theater. Welcher deutscher Schauspieler, welche deutsche Schauspielerin wäre nicht an diesem Theater gewesen! Bewahren sie ihm doch Alle ein freundlich Angedenken, und namentlich die schönen Augen der Künstlerinnen schwimmen verklärt nach oben, wenn nur der Name der alten Stadt genannt wird, denn mit dem Namen erstehen ihnen die Erinnerungen an schöne seidene Kleider, an Diamanten, an warme Pelzsachen, an Blumen, viel Blumen, welche die reichen Handelsherren gerade so elegant und so reichlich und so zart schönen Künstlerinnen zu schenken wissen, wie die reichen Bojaren in Petersburg, das jeder deutsche Künstler kennt. Es wurde wieder „Therese Krones" gegeben. Auf der Bühne herrschte im Zwischenact das gewöhnliche Gewühl, das sich über die Bretter wälzt, sobald die trennende Leinewand herabgelassen wird.

Zwischen den lebendigen Gruppen ging langsam und ruhig ein hoher stattlicher Mann, in einen kostbaren Pelz gekleidet. Wer ihn sah, grüßte ihn, die Herren ehrerbietig, die Damen vertraulich und lächelnd; er schien zum Mindesten ein Habitué der Bühne zu sein. Der stattliche Herr schritt jetzt direct auf eine Künstlerin zu, die eben aus der Garderobe kommend, noch an ihrer Toilette herumzupfte, aber erschrocken zusammenfuhr, als der Herr sie mit einem freundlichen „Guten Abend" ansprach.

„Warum erschrickt die schöne Therese Krones so vor der Polizei?" fragte er lächelnd, „wir rauben Ihnen Ihren Jaroszinsky gewiß nicht." „Ich erschrecke nicht vor Ihnen, Herr Polizeimeister," antwortete sie gezwungen lächelnd, „sondern lediglich vor Ihrem plötzlichen Erscheinen; ich fühle mich überdies unwohl, und meine Nerven sind schrecklich verstimmt. Ich leide, und da müssen meine Freunde unter meiner schlechten Laune auch mitleiden." Dabei gab sie ihm die Hand, die er galant an die Lippen führte.

„Ich bin traurig, dergleichen zu hören, ich bedaure Ihr Unwohlsein um so mehr, als ich diesmal, wie Sie richtig bemerken, wirklich darunter leiden muß. Ich wollte mich heute Abend bei Ihnen zum Thee einladen, da Sie aber leidend sind" — — „Für heute muß ich Ihren freundlichen Besuch ablehnen," fiel sie ihm rasch in's Wort, „ich bin mehr angegriffen, als ich dies scheine, und brauche wirklich alle Willenskraft, um zu Ende zu spielen. Aber aufgeschoben ist nicht aufgehoben, liebster Freund, nicht wahr, Sie zürnen mir nicht und nehmen noch diese Woche den Thee bei mir?" Dabei gab sie ihm beide Hände und schaute ihn so recht innig-bittend an.

„Sie schöne, liebe Rose, wer könnte Ihnen etwas abschlagen!" sagte er freundlich, „hüten Sie sich aber vor Aufregungen, damit Sie recht bald wieder ganz gesund sind. Hören Sie, keine Aufregungen!" Damit wandte er sich ab und ging zum Director, der unweit davon mit mehreren Herren plauderte, hinüber.

Sie stand einen Augenblick nachdenkend da und schaute ihm nach: „Hüten Sie sich vor Aufregungen! Und er betonte das so merkwürdig. Und dabei gerade heute sein Besuch! Sollte er etwas erfahren haben?? Ah, bah, was kümmert's mich, vorwärts, immer vorwärts, nicht zurückschauen!"

Just kam das Zeichen: Bühne frei. Sie schüttelte nochmals den schönen Kopf und trat in die Coulissen.

Das Stück war zu Ende, sie war wie immer unzählige Male gerufen worden, jetzt saß sie in ihrer Garderobe halb ausgezogen, — sie fühlte sich wirklich angegriffen und so ermüdet, daß sie sich kaum abschminken mochte. Endlich fuhr sie heim. In ihrem Salon wartete ein Herr, der sie bei ihrem Eintritt stürmisch umfing.

„Endlich, endlich bist Du da, für mich stand die Zeit still, so bleiern schlichen die Minuten, und das Stück muß doch längst aus sein."

„Ich bitte Dich, Feodor, sei nicht so stürmisch," bat sie, seine wilden Liebkosungen zärtlich erwidernd. „Ich fühle mich angegriffen und seltsam unruhig!"

„Das ist die nothwendige Reaction nach der großen Aufregung," sagte er, sie beruhigend. „Mein Liebling ist eben auch nur ein Weib, und alle Weiber sind schwach — dem gegenüber, was ihnen plötzlich und unvermittelt gegenüber tritt. Ist denn eine plötzliche Abreise etwas gar so Schreckliches, zumal im Leben einer Schauspielerin, die doch von vornherein darauf gefaßt sein muß, daß das Leben wechselt!" Dabei führte er sie zum Sopha und nahm ihr sorgsam die Caputze und den Pelz ab.

„Nein, mein Feodor, Du weißt recht gut, daß ich von der Natur mehr Leichtsinn mitbekommen habe, wie andere Frauen, und daß mich so leicht nichts unvorbereitet findet. Du weißt auch, wie ich Dich liebe und zu jedem Opfer bereit bin für Dich. Aber dies Alles ist so seltsam, so unheimlich. Wir reisen in tiefer Nacht ab, kein Mensch weiß darum, ich darf nicht einmal mein Mädchen mitnehmen. Also eine Flucht im eigentlichsten Sinne des Wortes; ich natürlich contractbrüchig, mein guter Name in allen Theaterblättern mit dem Prädicat „durchgegangen." Und wozu das Alles? Du bist frei, bist reich, ich bin auch frei und könnte die Theaterfesseln schnell abstreifen, zumal da ich Dich heiraten will. Pressirt's uns denn so? Können wir nicht hier, wo wir vor aller Welt uns lieb gehabt haben, uns nicht auch vor aller Welt heiraten? Wozu denn durch= gehen bei Nacht und Nebel? Ich bitte Dich, bleiben wir hier, ich warte gerne und geduldig!" Dabei schlang sie den vollen Arm um den Nacken des geliebten Mannes und küßte ihn innig.

„Kind, das verstehst Du nicht," sagte er ruhig lächelnd, ihre Liebkosungen erwidernd. „Wir sind in Rußland, was weißt Du von russischen Verhältnissen. Hast Du nie gehört, daß Fürsten und höchst gestellte Adelige vergebens um die Erlaubniß zu einer Badereise in's Ausland bitten, und glaubst Du denn, daß man mich mit allem meinem Gelde so ruhig auswandern lassen würde?! Sei nur ruhig, wir fahren heute Nacht ruhig fort und sind, will's Gott, morgen früh an Bord des eng= lischen Schiffes, dessen Capitän mein Busenfreund ist. Sind wir erst in England Mann und Weib, dann lachen wir selbst über unsere Flucht, und wir wollen am traulichen Camine noch manchen Winterabend über unseren romantischen Durchgang aus Rußland plaudern."

„Und, Feodor, Aug in Aug, Du haſt keine andere Veranlaſſung zu fliehen, als die Du mir eben geſagt?"

„Keine," ſagte er, ſie offen anſehend, „ſo wahr ich Dich liebe! Wie ſollte ich auch, wer könnte mich forttreiben, ich lebe ja in den angenehmſten Verhältniſſen, wenn es nicht der Wunſch nach Vereinigung mit Dir für's Leben wäre, der ſich hier nicht realiſiren läßt. Aber wie kömmt mein Liebling dazu, ſo feierliche Fragen an mich zu richten?"

„Du wirſt lachen über mich," ſagte ſie beruhigt, „aber ich konnte mir nicht helfen, es lag wie Centnerſchwere auf mir und der Polizeimeiſter fragte ſo ſeltſam."

„Der Polizeimeiſter?" fragte er und ſeine Stimme bebte. „Wie kömmſt Du zu dem?"

Sie erzählte ihm jetzt den ganzen Vorgang, während ihr Mädchen ein ſplendides Souper herrichtete, das von einem benachbarten Hotel geſchickt worden war.

Ein minder harmloſer Beobachter als ſie hätte bemerken müſſen, daß Feodor irritirt war und in den trefflich zubereiteten Speiſen ohne Appetit herumſtocherte. Sie dagegen war wieder vollſtändig heiter geworden und that dem Souper alle Ehre an. „Es iſt ohnedies das letzte in der Woche," ſagte ſie lachend, „Du wirſt ſehen, ich leide furchtbar an der Seekrankheit, und bis Du mich nach England bringſt, werde ich erſchrecklich mager ſein und dann magſt Du mich vielleicht nimmer. Aber was iſt das, es ſcheint, wir haben die Rollen vertauſcht, jetzt biſt Du melancholiſch und ißt nicht und trinkſt nicht. Was ſoll das ſein! Komm', Feodor, wie ſingt Thereſe Krones:

„Brüderlein fein, Brüderlein fein,
Darfſt nicht traurig ſein!"

Wie sie gesungen hatte, goß sie ihm neckend die wenigen Tropfen Champagner, die in ihrem Glase zurückgeblieben waren, in's Gesicht und sprang dann stürmisch auf seinen Schooß und herzte und küßte ihn. .

„Ich hatte Sie doch so gebeten, sich vor allen Aufregungen zu hüten!" tönte eine ernste Stimme von der Thüre her.

Sie erschrak auf den Tod und konnte sich kaum von dem selbst erwählten Sitz erheben.

„Sie müssen schon entschuldigen, verehrtes Fräulein, daß ich doch noch zu Ihnen komme und Sie in so später Stunde störe," sagte der jetzt näher tretende Polizeimeister spöttisch. „Ich komme aber eigentlich nicht zu Ihnen, sondern zu diesem Herrn, zu Ihnen, Feodor Kirgiloff, ich habe gehört, Sie wollen plötzlich verreisen, und da möchte ich doch noch Abschied von Ihnen nehmen. Setzen wir uns, wir können das ja ruhig besprechen!" Dabei nahm sich der Polizeimeister, der jetzt in voller Uniform war, ruhig einen Stuhl. Die Künstlerin schaute wie geistesabwesend von einem der Herren zum andern, ihr Freund aber, der beim Hereintreten des Polizeimeisters tödtlich erblaßt war, spielte mit irrem Lächeln jetzt mit der Hand an seiner Brusttasche.

„Bitte, bitte, echauffiren Sie sich nicht," sagte der Polizeimeister ruhig. „Sie können sich denken, daß ich nicht allein gekommen bin, deßhalb lassen Sie ruhig in Ihrer Brusttasche, was drin ist."

Die Künstlerin, die jetzt erst das Entsetzliche der Situation zu begreifen begann, fiel plötzlich laut aufschreiend in Ohnmacht.

„Sehen Sie, das kommt bei dergleichen aufregenden Scenen heraus," sagte der Polizeimeister ruhig. „Rufen Sie die Zofe der Dame," gebot er einem hereintretenden Gensdarmen. „Sie aber, Feodor Kirgiloff, werden mich freundlichst begleiten, ich habe auf meinem Bureau noch mehr mit Ihnen zu sprechen. Ich hoffe, Sie werden sich ruhig und anständig in das Unvermeidliche fügen und mir ersparen, einem alten Bekannten Handschellen anlegen zu lassen, deshalb bitte ich Sie, mir auch den Revolver geben zu wollen, der in Ihrer Brusttasche steckt." — — — — —

Feodor Kirgiloff soll noch immer hinter vergitterten Fenstern über seine unzeitigen Reisepläne nachdenken, die schöne Therese Krones denkt aber wohl längst nicht mehr an ihn; — Jahre, Menschen, Verhältnisse gehen spurlos an ihr vorüber, ewige Jugend und ewiges Glück bleiben ihr treu zur Seite.

# Eine Kunstreise mit Hindernissen.

Wir hatten einen tüchtigen Spaziergang gemacht und waren ziemlich ermüdet in unser Hotel zurückgekehrt. In Riva geht die Sonne schon früher unter als an andern Orten, weil die hohen Bergwände, die so jäh in den schönen blauen Gardasee abfallen und kaum dem Städtchen am nördlichsten Ende des Sees Raum lassen, das Gestirn des Tages schon dann verbergen, während es in der Ebene vielleicht noch lange leuchtet. Nach der heißen Promenade zum Ponalefall that jetzt die Ruhe in dem herrlichen Hotelgärtchen doppelt wohl, und behaglich plauderte die kleine deutsche Colonie, die sich hier so eigenthümlich zusammengefunden, Vielerlei durcheinander.

„Es ist dumm," sagte der Maler, „daß wir keine Laube mehr bekommen haben, diese Lauben sind so ganz speciell zum poetischen Kneipen eingerichtet, daß ich, der ich mich schon heute früh darauf freute, wie vergnügt wir heute Abend in einem dieser lauschigen Winkel sitzen würden, mich schwer geärgert habe, sie alle besetzt zu finden. Sehen Sie nur, überall ein Pärchen."

„Mein Gott," lachte der Lieutenant: „Sie sehen, daß die Lauben nicht nur zum Kneipen eingerichtet sind, sondern noch viel besser für Verliebte. Es ist übrigens auffallend, daß gerade Riva so viele junge Ehepaare beherbergt, und daß die sich Alle gerade in unser Hotel zurückgezogen zu haben scheinen. Ich machte schon heute in aller Früh die Bemerkung, als ich Sie drüben im andern Flügel aufsuchte, vor jeder Zimmerthüre standen immer zwei Chaussuren und allemal ein paar dreisohlige, solide Stiefletten und ein anderes Paar reizende Bottinen, die in allen möglichen Farben wechselten. Mir wurde in meiner Vereinsamung ordentlich traurig zu Muthe, man soll in ein schönes Land nur reisen, wenn man ein schönes Weib an der Seite hat."

„Ich finde das gar nicht so auffallend," sagte der Rentier bedächtig und strich die Asche von der Cigarre. „Wenn Sie, wie ich, ganz Deutschland viel hundertmal die Kreuz und die Quer durchzogen hätten, so würden Sie auch wissen, daß jedes unserer zahlreichen Vaterländer seine vorzugsweise beliebten Hochzeitsstationen hat."

„Hochzeitsstationen? Was verstehen Sie darunter?" wurde allgemein gefragt.

„Das ist doch sehr einfach verständlich und kann nur so unverbesserlichen Junggesellen, wie Sie mir größtentheils zu sein scheinen, dunkel sein. Wenn man sich heutzutage verheiratet, so läßt man sich bekanntlich früh trauen, frühstückt und steigt mit seiner jungen Frau in den Waggon, um die Hochzeitsreise anzutreten, die erste Stadt nun, in der das junge Paar übernachtet, ist die Hochzeitsstation. Natürlich sucht man sich dazu einen hübschen Ort aus, in Baiern sind: Würzburg, Bamberg, Lindau, in Oesterreich: Salzburg, Linz, Graz, am Rhein: Wiesbaden und Mainz die beliebten Hochzeitsstationen und so geht das durch ganz Deutschland durch. Die Hotels sind darauf eingerichtet und ich kenne mehrere, deren bedeutendste Revenuen diese Reisenden zahlen."

Demnach scheint Riva so eine Art Hochzeitsstation nach Ihrer Theorie zu sein?"

„Gewiß, obwohl ich damit durchaus nicht sagen will, daß wir in den Herrschaften, welche uns die sämmtlichen Lauben vor der Nase wegoccupirt haben, lauter legitime Ehepaare zu verehren haben. Ich müßte mich sehr irren, aber ich glaube, es sind verschiedene Pärchen darunter, die sehr in Verlegenheit kommen würden, wenn man sie nach Paß oder Trauschein fragen würde."

„Gleichviel," sagte der Lieutenant, „verheiratet oder nicht, es muß doch wunderbar sein, so an der Seite eines geliebten Wesens diese herrlichen Lande zu durchziehen." Dabei stieß er mit einer ungeheuern Rauchwolke einen tiefen Seufzer aus.

„Diese wilden Hochzeitsreisen bringen mitunter doch auch sehr viel Unannehmlichkeiten mit sich," sagte der Rentier, laut lachend über den tiefen Seufzer des Kriegers.

Die Frage auf den Lippen des Lieutenants wurde durch den Kellner abgeschnitten, der just eine neue Ladung Weinflaschen herbeibrachte, und mit dem sich der Maler herumzankte, weil die Cigarren, welche er verkauft und sich mit 20 kr. pr. Stück hatte zahlen lassen, nach der Ansicht des Malers nicht 1 kr. werth seien. Als das kleine Intermezzo vorüber und die Ruhe wieder hergestellt war, fragte der Lieutenant: „Sie hatten vorhin gewiß wieder eine von Ihren drolligen Schnurren im Kopf, weil Sie so lachten, was war's, heraus damit?"

„Ich könnte Ihnen allerdings eine drollige Geschichte über die Gefahren der wilden Hochzeitsreisen erzählen," sagte der Rentier, behaglich lächelnd, „aber — —"

„Kein aber, heraus damit!" rief die ganze deutsche Colonie.

„Hoffentlich ist Ihre Geschichte nicht equivoque?" sagte der Maler gravitätisch.

„Hoffentlich ist sie's," lachte der Lieutenant, „er ist wie der König Bobéche im „Blaubart", er hört so was von Zeit zu Zeit sehr gern."

„Seien Sie ganz ruhig," erwiderte der Rentier, „ich antworte Ihnen, wie der Prinz dem König Bobéche geantwortet: „Durchaus nicht, wenigstens werde ich mich bemühen, sie sehr decent vorzutragen. Also, es war einmal — —"

„O weh, das beginnt schon wie Grimms Kinder- und Hausmärchen," seufzte der Maler.

Der Rentier ließ sich aber nicht stören und fuhr fort: „Es war einmal in einer schönen Residenzstadt, die Sie sich in China, in Oesterreich, in Süddeutschland oder sonst irgendwo denken können, eine junge, hübsche, geistreiche, liebenswürdige Schauspielerin, die, nebenbei bemerkt, ungemein tugendhaft war" —

„Das sind sie Alle!" warf der Lieutenant lachend ein.

„In der Stadt, wo die junge, geistreiche, sch3ne und tugendhafte Schauspielerin künstlerisch wirkte, lebte ein sehr vornehmer Herr, ein Gewaltiger, den der Fürst des Landes gesetzt hatte, nicht über die Heerschaaren, sondern über alle Schreiber und Beamte, die er auch gar klüglich und weise regierte. Dieser große und gewaltige Herr, dessen Politik von ganz Europa bewundert und angestaunt wurde, liebte es, sich im Theater von seinen vielen und schweren Regierungssorgen zu erholen, und siehe da, die junge, geistreiche, schöne und tugendhafte Schauspielerin fand Gnade vor seinen Augen, er aber fand überdies, daß sie ein großes Talent habe, und da er eigentlich ein geborner Schauspieler war und seine wirkliche Bestimmung verfehlt hatte, als er Diplomat wurde, so beschloß er, die weitere Ausbildung der jungen Künstlerin selbst in die Hand zu nehmen.

Und so that er, er nahm sich ihrer mit Erfolg an und studirte so fleißig mit ihr, daß die junge Künstlerin selbst für ihre besten Freundinnen nicht mehr zu sprechen war, weil sie fortwährend mit Herrn von X. X. zu studiren hatte.

Nun wollte es das Unglück, daß Herr von X. X. verheiratet war, und daß seine Frau Gemahlin, der die geschäftigen Freundinnen — wo gibt es solche nicht! — die eifrigen Kunststudien ihres Gatten bald berichtet hatten, diese besagten Studien mit nichts weniger als freundlichen Augen betrachtete. Man erzählt da die seltsamsten Geschichten von großen Scenen, die zwischen der vornehmen Dame und der Künstlerin, und dann wieder zwischen dem Ehepaar stattgefunden haben sollten. Ich weiß nicht, was daran wahr ist, und will das auch hier nicht näher erörtern, weil es auch zuweit von meiner eigentlichen Geschichte abführen würde. Genug, der jungen Künstlerin wurde die Hölle so heiß gemacht, daß sie sich Urlaub zu einem Gastspiel für einige Wochen erbat und erhielt. Wo dieses Gastspiel gewesen und welche Seestadt damit beglückt worden ist, hat kein Theaterjournal jemals verrathen, aber seltsam war es, daß gerade zur selben Zeit, in der das Fräulein beurlaubt worden war, auch der hohe Staatsmann plötzlich verschwand, um eine seiner völkerbeglückenden Reisen anzutreten. Doch ich irre mich, das war eigentlich nicht seltsam, denn diese Reisen kamen so häufig vor, daß sie sprichwörtlich im Volksmund geworden waren; zu verwundern war's nur, daß eines schönen Morgens auf dem Bahnhof einer großen süddeutschen Handelsstadt der hohe Herr, der natürlich ohne Stern und Gefolge, wie allemal auf seinen völkerbeglückenden Reisen, war, ganz zufällig die junge Künstlerin traf, die just von ihrem Gastspiel in Dingsda zurückkehrte. Beide freuten sich natürlich unendlich über dieses zufällige Zusammentreffen und beschlossen hier, wo sie vor jeder Störung seitens der Gemahlin des hohen Herrn sicher waren, ihre Kunststudien mit verdoppeltem Eifer fortzusetzen.

Im Gasthofe nah der Eisenbahn fuhren sie ganz bescheiden vor, aber man kann nicht grade sagen als junges Ehepaar, denn von seiner gedankenvollen Stirne flatterten schon längst graue Locken, aber als Ehepaar, und es zeugt von der liebenswürdigen Bescheidenheit des hohen Herrn, daß er, der doch Cavalier und Excellenz, Großkreuz von so und so vielen Orden ꝛc. ist, sich in das ihm vorgelegte Fremdenbuch als „Dr. Mayer mit Frau aus Stuttgart" einschrieb. Was heißt Dr. Mayer? Das ist doch gerade so gut wie Herr Niemand, oder Herr Mensch, ein passe partout für jede Lebensstellung. Dr. Mayer kann Jedermann heißen, wenn jemals Name Schall und Rauch war, so ist es dieser. Dr. Mayer war jedenfalls der beste Name, denn Seine Excellenz der Herr Staatsminister von X. X. wählen konnte, als er im strengsten Incognito eine Kunstreise mit seiner Freundin machte.

Als Seine Excellenz am andern Morgen nach einer ziemlich schlaflosen Nacht sich erhoben hatten und geruhten, den Caffee einzunehmen, da wurde von Seiten des aufmerksamen Wirthes zugleich ganz frisch das Morgenblatt der dortigen Zeitung mit heraufgeschickt und Herr Dr. Mayer aus Stuttgart amusirte sich damit, seiner jungen Frau die Zeitung mit interessanten Randglossen, für die mancher Börsianer schweres Geld gegeben haben würde, vorzulesen. Dazwischen wurde gemüthlich gefrühstückt und es war ein stilles, friedliches Glück in dem kleinen hübschen Zimmer, das sich Jedermann nach Gefallen selbst ausmalen mag."

Der Lieutenant schien dies just in überschwenglicher Weise zu thun, denn er seufzte von Neuem tief auf.

„Als der Staatsmann mit der Zeitung fertig war," nahm der Rentier, nachdem er sich mit einem kräftigen Zug aus seinem Weinglase erquickt hatte, seine Erzählung wieder auf, „griff die junge, schöne, geistreiche und tugendhafte Schauspielerin nach dem Blatt und begann, wie dies Damen immer zu thun pflegen, die Zeitung von rückwärts bei den Verlobungs-, Heiraths- und Todesnachrichten zu lesen. Als sie zu den „angekommenen Fremden" gelangt war, schrie sie plötzlich erschrocken auf.

„Was hast Du, liebes Herz, das dich so erschreckt?" fragte er, und aus dem herablassenden „du," aus dem „lieben Herz," wie aus dem ganzen wohlwollenden Ton der Frage können wir nur erfreuliche Schlüsse auf den herablassenden und wohlwollenden Charakter des hohen Staatsmannes ziehen.

Sie deutete mit dem rosigen Finger auf die Fremden-anzeigen und sagte: „da lies, in unserem Hotel logirt ein Dr. Mayer mit Frau aus Stuttgart. Wenn das der schändliche Karl Mayer wäre und er begegnete uns, und wir kämen in den Beobachter" — —

„Einen Augenblick stutzte der hohe Staatsmann, ja, er erbleichte sogar, als sei er selbst sehr erschrocken, dann aber l chte er laut auf: „Närrchen, der Dr. Mayer, der da steht, bin ich und die Frau bist du. Ich habe uns ja so in's Fremdenbuch geschrieben."

„Gott sei Dank," seufzte sie sichtlich erleichtert. „Aber ich bitte dich, wie konntest du nur den Namen des schänd-lichen Menschen einschreiben, jeder andere Name hätte es ja auch gethan und es könnte doch zu ärgerlichen Verwechselungen führen."

„Ach was," brummte er, „Mayer ist Mayer und es gibt deren in Deutschland, Belgien, sogar in Stuttgart sehr viele. Ueber-dies sind wir in Baiern. Aergerlich ist es aber doch," setzte er leise hinzu, „daß ich an den verdammten Kerl soviel denken muß, daß mir sein Name sogar hier aus der Feder läuft."

Zur selben Zeit, als diese Scene im ersten Hotel der Stadt spielte, wurde auch in andern Häusern gefrühstückt und der ehrsame Bürger und Gewerbsmeister las vielfach sein Morgenblättchen beim Caffee gerade so gut und gern, wie der hohe Staatsminister, auf dessen Schultern ein gut Theil der Verantwortlichkeit für das europäische Geichgewicht lastete.

So rauchte auch der Fleischermeister Darmspalter seine erste Pfeife früh allemal in Begleitung der zweiten Tasse Caffee und des Morgenblattes. Nach verschiedenen ärgerlichen „Hems" und „Ehs," wenn ihm irgend etwas in der Weltlage nicht in Ordnung zu sein schien, legte er das Blatt hin und stieß gedankenvoll einige mächtige Rauchwolken aus. Schon wollte er an die Geschäfte des Tages gehen, da nahm er plötzlich die Zeitung nochmals auf und sein Blick fiel mechanisch auf die Fremdenanzeige und just auf die Stelle, wo Herr Dr. Mayer nebst Frau als eben angekommen bezeichnet waren. Schon hatte er über die Stelle weggelesen, als plötzlich ein Gedanke in ihm aufleuchtete. „Wenn er's wäre!" sagte er laut.

„Wer?" fragte seine Ehehälfte, ganz erstaunt über dies Selbstgespräch, das sonst gar nicht die Gewohnheit des Fleischermeisters war.

„Der große Volksmann aus Stuttgart, die einzige, aber feste Säule der Volkspartei, der Redacteur des „Beobachters," der Preußenschreck."

„Ah, der Preußenschreck!" sagte sie ärgerlich, „was gehen Dich die Preußen an, schimpft nur wieder recht, wenn wir sie dann wieder im Lande haben, wie anno 1866, werden sie nicht mehr so freundlich mit uns umspringen, denke nur an Frankfurt."

„Das verstehst Du nicht, Weib! Hier bei uns allein hat die Volkspartei in Baiern einen festen Boden, und wenn wir nicht die braven Würtemberger hätten, so wären wir ganz verlassen. So lange aber dort der „Beobachter" noch erscheint, gehen die Preußen nicht über den Main. So ein einziger Mann, wie der Dr. Mayer, ist eine ganze Armee und so einen Mann muß man ehren. Gib mir mal geschwind Hut, Rock und Stock, ich will ausgehen."

„Was hast Du vor?" fragte sie ärgerlich.

„Geht Dich nichts an," brummte er phlegmatisch und verläßt ruhig und groß im Gefühl seiner Würde als Hausherr, Demokrat und Führer der Volkspartei das Zimmer und Haus.

Zuerst lenkt er seine Schritte zum Nachbar gegenüber, dem Zinngießer Mohrmann, der ein nicht minder eifriges Mitglied der Volkspartei ist, diesem theilte er die wichtige Nachricht mit, daß die Stadt in ihren Mauern seit gestern den großen Volksmann aus Stuttgart beherberge, dann gehen Beide zu einem dritten und vierten Gesinnungsgenossen und bilden mit diesen ein Comité, das sich sofort in einem benachbarten Weinhaus etablirt und nach allen Seiten Boten ausschickt, um sämmtliche Mitglieder der Volkspartei zu einer sofortigen Berathung zusammen zu trommeln, wie man am Besten dem großen Volksmann die Sympathien der hiesigen Parteimitglieder zeigen könne. Der Wirth des Weinhauses verliert vollständig den Kopf, denn um zehn Uhr früh sind schon mehrere hundert Paar Bratwürste verzehrt und mehr Wein getrunken worden, wie sonst in einer ganzen Woche. Um eilf Uhr ist die Versammlung schon so riesig angewachsen, daß sie in den großen Tanzsaal des Wirthes hinauf muß, weil in den Gastzimmern kein Platz mehr ist. Um halb zwölf schickt die hohe Polizei einige Gensdarmen ab, weil man nicht weiß, was man aus dem plötzlichen Auflauf machen soll, und in der Stadt coursiren die abenteuerlichsten Gerüchte. Die Versammlung hat sich indeß unter dem Vorsitze des Meisters Darmspalter constituirt und beschlossen, dem großen Volksmann aus Stuttgart durch eine aus der Mitte der Versammlung gewählte Deputation von zwölf Mann ihre Freude über seine Anwesenheit sowie ihre Sympathien für sein volksthümliches Wirken auszudrücken und ihn und seine Frau zugleich für den heutigen Abend zu einem solennen Fest der Volkspartei einzuladen. Das Arrangement des Festes wurde zugleich einer ad hoc gewählten Commission übertragen, die sofort ihre Thätigkeit begann, mit dem Wirthe unterhandelte, Musik bestellte, für Decoration des Saales Sorge trug, das Programm der zu haltenden Reden überlegte und überhaupt eine wahrhaft krampfhafte Geschäftigkeit entfaltete, während die glücklichen Mitglieder der Deputation, die sich in das Hotel des gefeierten Volksmannes begeben sollten, zu Hause stürzten, um sich in Festtoilette zu werfen.

Während aller dieser unruhigen Vorgänge herrschte in den von Herrn Dr. Mayer und Frau aus Stuttgart bewohnten Zimmern der tiefste Friede. Die junge Frau Doctorin machte Toilette, während der berühmte Staatsmann der Länge nach auf dem Sopha lag, eine feine Cigarre rauchte und die Fortschritte der Toilette mit kritischen Augen überwachte. Das Wetter war wunderschön und man hatte beschlossen, vor dem Diner einen romantischen Punkt in der Umgebung, die sogenannte alte Veste, an die sich glorreiche Erinnerungen aus dem dreißigjährigen Krieg knüpften, zu besuchen. Deshalb trieb auch die junge Frau Doctorin den Staatsmann vom Sopha weg in sein Zimmer, damit er gleichfalls Toilette mache. Die Thüre zwischen den zwei Zimmern war offen und ein lustiges

Gespräch flog hin und her; ach die beiden Glücklichen ahnten nicht, welch' schwarze Wolke über ihnen dräute. Es klopft an der Thüre der jungen, schönen und tugendhaften Schauspielerin, welche gerade vor dem Spiegel steht, um die letzte Hand an ihre Coiffure zu legen. Im Glauben, es sei der Kellner, welcher das Frühstücksgeschirr holen wolle, ruft sie ruhig herein. Es war auch der Kellner, er trägt aber die ganze Hand voll Visitkarten und berichtet, es seien unten fünfzehn Herren, welche den Herrn Doctor zu sprechen wünschten. Die Dame läuft in's Nebenzimmer, wo der Herr Doctor gerade seine Halsbinde umlegt und innerlich flucht, daß er sich ohne Kammerdiener behelfen muß.

„Um Gotteswillen, was können diese Leute von Dir wollen, sollte man Dich erkannt haben?" frägt sie angstvoll.

Er aber läßt sich noch in seiner Behaglichkeit nicht stören, raucht ruhig seine treffliche Havannah weiter, besieht jede Karte einzeln und sagt endlich: „Ich kenne keinen dieser Herren, es muß ein Mißverständniß sein."

„Aber was soll ich den Herren sagen? Sie sind Alle im schwarzen Frack und sehen sehr ernsthaft aus."

„Sagen Sie, was Sie wollen," brüllt jetzt der wildgewordene Staatsmann, „ich bin auf der Reise und nehme keine Besuche an."

Der Kellner entfernt sich traurig, erscheint aber gleich wieder: „Die Herren lassen sich nicht abweisen, sie sagen, es sei kein Mißverständniß und sie wollten den Herrn Doctor nur wenige Minuten sprechen."

„So sollen sie in's Teufelsnamen heraufkommen," ruft der Staatsmann und schlüpft geschwind in seinen Rock, an dem wohlweislich kein einziges der Ordensbändchen sichtbar, deren er doch so viele ob seiner ausgezeichneten Verdienste besitzt.

Die junge, schöne und tugendhafte Schauspielerin hat indessen die Verbindungsthüre zugeschlossen, nimmt aber sofort einige Polster vom Sopha, um bequemer am Schlüsselloch horchen zu können, sie ist so erschrecklich angst, was diese Herren wollen und wie dies Alles endigen wird. Jetzt erhebt sich auf der Treppe ein furchtbares Gestampf, es sind die Hufschläge der sich nahenden Deputirten, welche, um ihrem Auftreten mehr Feierlichkeit zu verleihen, daherschreiten, wie der steinerne Gast im „Don Juan."

Endlich öffnet sich die Thüre. Meister Darmspalter in seinem schwarzen Frack, in welchem er vor zwanzig Jahren seine Hochzeit gefeiert, tritt herein, in seiner mit riesigen weißen Glacéhandschuhen bewaffneten Faust schwingt er den feierlichen schwarzen Cylinderhut ungefähr ebenso, wie er sonst den blanken Ochsen fällenden Stahl schwingt, er stampft auf den Staatsmann los, macht ihm eine tiefe Verbeugung und tritt dann bei Seite; sämmtliche ihm folgende vierzehn Deputirte schwingen ebenso den Hut, machen dieselbe feierlich-komische Verbeugung und treten ebenso bei Seite, alle ohne ein Wort zu sprechen. Auf diese Weise sieht sich der Staatsmann plötzlich von einer dichten Phalanx von feierlichen, schwarzgekleideten Männern umringt, einstweilen amüsirt ihn die Sache noch, er begnügt sich, die Verbeugungen zu erwidern, und harrt der Dinge, die da kommen sollen. Jetzt tritt Meister Darmspalter, der Sprecher der Deputation, dicht vor ihn hin und fragt sehr laut und sehr gemessen: „Ich frage, ob wir die Ehre haben, vor Herrn Dr. Mayer aus Stuttgart zu stehen?" Gleichsam um seiner Frag noch mehr Gewicht zu verleihen, tippt er mit dem Zeigefinge der Linken dem Staatsmann auf die Brust. Das wäre nun wohl der richtige Moment gewesen, um der Sache mit einemmal ein Ende zu machen, der Gefragte hätte ein Mißverständ-

niß vorschützen können, aber der sonst so sichere Staatsmann ge=
rieth der so bestimmten Frage gegenüber doch einigermaßen in
Verlegenheit, er hatte sich doch unter diesem Namen in's Frem=
denbuch eingeschrieben und konnte und wollte schon um seiner
Begleiterin willen das nicht läugnen. Aber geradezu sich zu dem
Namen bekennen und damit vor so vielen Zeugen ein wirkliches
Falsum begehen, das konnte und wollte er auch nicht, er begnügte sich
deshalb mit einer stummen Verbeugung, der man nach Belie=
ben eine zustimmende oder ablehnende Bedeutung geben konnte.
Die Deputation nahm die erstere an und war nun ihres Man=
nes sicher und Meister Darmspalter hielt jetzt eine längere
Rede, in welcher er die Verdienste des „Beobachters" im Allge=
meinen und die seines Redacteurs insbesondere hervorhob und
darlegte, welche Sympathien gerade dieses vorzügliche Journal
in dieser Stadt, die allein noch der in Baiern so zusammen=
geschmolzenen Volkspartei eine sichere Heimat gewähre, genieße,
wie die Deputation, welche so und so viele Hundert ehrenwerthe
Männer und Mitglieder der Volkspartei vertrete, abgeordnet
sei, um diesen Gefühlen Ausdruck zu verleihen und wie man
den hochverehrten Volksmann, den unerschrockenen Vorkämpfer
für die gute Sache hiermit geziemend einlade, ein kleines Fest,
das man ihm zu Ehren veranstaltet habe, heute Abend mit
seiner und der Gegenwart seiner Frau zu verherrlichen.

Meister Darmspalter schwitzte fürchterlich, als er seine
wohl einstudirte Rede glücklich vollendet hatte, aber auch der
sonst so kühle und unerschütterliche Staatsmann war in der
größten Verlegenheit, und Schweißtropfen perlten an seiner hohen
kahlen Stirne. Das Bewußtsein, daß man ihn, den preußen=
freundlichen Staatsmann, die festeste Säule der Nationalliberalen
in Süddeutschland, für den preußenfressenden Redacteur des
„Beobachters" halten könne, daß man ihn, den stolzen Aristokraten,

als diesen entsetzlichen Demagogen feiern wolle, hatte für ihn etwas so Niederschmetterndes, daß ruhige Ueberlegung, kaltblütige Geistesgegenwart, die ihn, den gewiegten Diplomaten, sonst nie verließen, vollständig in dem einzigen, entsetzlichen Gedanken untergingen.

Er erinnerte sich aus diesem kritischesten Moment seines Lebens nur noch, daß er sich diverse Male stumm verbeugt hatte, was die Deputirten für Annahme der Einladung nahmen, er erinnerte sich ferner eines krampfhaften Händeschüttelns und dann stampfte die Deputation mit derselben Feierlichkeit, mit der sie gekommen, wieder ab.

Die junge, schöne, geistreiche und tugendhafte Schauspielerin aber, welche, als der letzte Hufschlag auf der Treppe verklungen war, die Verbindungsthüre zwischen den Zimmern öffnete, fand einen gebrochenen Mann in einem Fauteuil liegen, der sich die Stirne mit seinem Taschentuch trocknete und ausrief: „Fort, nur fort von hier!"

Am Abend herrschte in dem Weinhause eine ungemeine Lebendigkeit, das Fest war im vollsten Gange, die Musik hatte schon zwei Stücke gespielt — aber noch immer erschien der gefeierte Volksmann nicht. Endlich kam die Deputation mit sehr langen Gesichtern zurück und erklärte, Herr Dr. Mayer habe in Folge einer wichtigen telegraphischen Depesche sofort abreisen müssen und bedauere unendlich ꝛc. ꝛc. Die Leute, die nun einmal zusammengekommen waren, ließen sich nicht stören und das Fest ging ruhig fort, umsomehr als einige von den Führern die Geistesgegenwart hatten, andere Reden als die vorbereiteten einzuschieben.

Dem Redacteur des „Tageblattes" aber, der durch seine Fremdenanzeige eigentlich die erste Veranlassung zu dem ganzen Wirrwarr gegeben, wollte die Geschichte etwas sehr seltsam vorkommen, und er telegraphirte am andern Morgen nach Stuttgart, ob der Redacteur des „Beobachters" dort sei oder nicht. Die Antwort lautete, Dr. Mayer habe seit Monaten Stuttgart nicht verlassen.

Zur selben Zeit als diese Depesche den auf dieselbe neugierig harrenden Mitgliedern der Volkspartei verkündigte, daß sie jedenfalls einen falschen Dr. Mayer vor sich gehabt, saß Meister Darmspalter mit mehreren Freunden beim Frühschoppen im Weinhaus und erschöpfte sich in Conjuncturen über die seltsame Abreise des Dr. Mayer. Zufällig schlug er im Feuereifer der Rede so arg auf den Tisch, daß ein Weinglas umfiel und seinen rothen Inhalt über eine soeben angekommene große illustrirte Zeitung, speciell über den auf der ersten Seite befindlichen Holzschnitt ausgoß. Bei der Bemühung, das Blatt zu reinigen, sah er den Holzschnitt, der ein Porträt darstellte, näher an und rief mit einem fürchterlichen Fluch und einem noch ärgeren Faustschlag auf den Tisch: „Das ist ja unser Dr. Mayer." Und richtig, es war das wohlgetroffene Bildniß dieses Herrn, das mußte die ganze beim Wein versammelte Deputation bezeugen, nur stand unter dem Bilde nicht Dr. Mayer, sondern Seine Excellenz Friedrich, Gottlob, Carl von — —

„Halt, keinen Namen," unterbrach der Lieutenant den Erzähler, „nomina sunt odiosa, im Uebrigen erinnere ich mich, daß Andeutungen über die seltsame Geschichte durch die Presse gingen, wenn ich nicht irre, habe ich in der „Bohemia" deren gelesen, warten Sie nur, die junge, schöne, tugendhafte und geistreiche Schauspielerin habe ich selbst gesehen, sie hieß" — —

„Nomina sunt odiosa," rief jetzt der Rentier lachend, „was kümmern uns die Namen, wenn wir uns über den komischen Vorfall, der allerdings wirklich passirt ist und zwar vor wenigen Monaten, amüsiren. Ich habe Ihnen überdies nur zeigen wollen, wie gefährlich solche Kunstreisen unter Umständen sein können.

„Aber auch wie himmlisch schön!" seufzte der Maler, als gerade im selben Moment aus einer der nächsten Myrthen= lauben ein Geräusch ertönte, welches auffallend dem eines recht herzlichen Kusses glich. Laut lachend zerstreuten sich die Herren, um ihre Betten aufzusuchen.

# Ein neuer Intendant.

(Feodor Wehl.)

Vor Jahren hatte ich eines schönen Tages auf der Münchener Hoftheater=Intendanz zu thun und fand im Vor= zimmer eine lustige Gesellschaft von Herren und Damen des Institutes, die gleich mir warten mußten, bis sie in das Aller= heiligste eingelassen wurden. Glücklicherweise konnten wir uns die lange, langweilige Zeit des Antichambrirens mit Conver= sation vertreiben und so wurde denn lustig geplaudert von diesem und dem und wie's so zu gehen pflegt, hatten wir im Umsehen einigen theueren Nebenmenschen die Haut vom Leibe gezogen — figürlich natürlich. Es dauerte aber auch eine geraume Zeit, der Herr, der just beim Intendanzrath drinn war, mußte ihm unendlich viel zu erzählen haben und der Zeiger der schwarzen Uhr im Vorzimmer rückte immer weiter und weiter. Da wurde plötzlich die Thür aufgerissen, ein Herr von Mittelgröße, vor= gerückten Jahren, blonder Perücke und unangenehm hoffärtigem Aeußern schritt herein, mit hochemporgehobenem Haupt — die Nase in den Wolken, wie später eine von den Damen, die er ebensowenig eines Grußes würdigte, wie uns Herren, sehr treffend bemerkte, — gerade auf die im Hintergrunde arbeiten=

den Schreiber los und sagte mit unangenehm schnarrendem Tone: Melden Sie den Baron von G...., Intendanten der Stuttgarter Hofbühne.

Dann schritt er, ohne die geringste Notiz von den anwesenden Herren und Damen zu nehmen auf den Spiegel zu, glättete sich die blonde Perrücke und folgte, unbesorgt, ob man drinnen seinen Besuch auch annehmen würde, unmittelbar dem meldenden Diener.

Er hatte recht gehabt, für den „Collegen" Intendanten gab es kein Warten und keine Abfertigung, der Herr drinnen brach urplötzlich seinen Besuch ab, oder richtiger „er wurde abgebrochen" und die beiden Intendanten waren allein miteinander.

„Kinder, das kann lange dauern," sagte der Charakterspieler, „bis die sich gegenseitig ihre Ansichten über den Verfall der Komödie, die Wichtigkeit der Invendanzen und die Nichtigkeit der Schauspieler austauschen, kann es morgen und übermorgen werden; ich gehe fort." Da ich seine Ansicht theilte und nicht Lust hatte, noch länger meine kostbare Zeit zu opfern, ging ich mit.

Schon auf der Treppe waren wir darüber einig, daß wir lange keine unangenehmere Persönlichkeit gesehen hatten, als die des damaligen Stuttgarter Intendanten. Wie man aber so manche unangenehme Begegnung im Leben macht, sie wieder vergißt und ganz plötzlich wieder daran erinnert wird, so tauchte auch uns das Bild des Stuttgarter Intendanten in seiner ganzen unausstehlichen Glorie von Hochmuth und Unnahbarkeit wieder lebendig auf, als ein hiesiges Unterhaltungsblatt plötzlich eine Reihe von Artikeln über das Stuttgarter Hoftheater und die an demselben herrschenden bösartigen Zustände aus unbekannter, aber sehr scharfer Feder brachte; Artikel, die, obwohl uns der

Inhalt derselben doch sehr fern lag, sogar hier mit dem größten
Interesse gelesen und verschlungen wurden, wieviel weniger
denn erst in Stuttgart selbst, wo die Leute schon auf dem
Bahnhofe die ankommende Post mit den neuen Nummern der
Münchener Zeitung erwarteten und sich darum schlugen.

Kurzum, die Enthüllungen über das Stuttgarter Hof=
theater erregten das peinlichste Aufsehen und jeder Mensch
erwartete, daß die angegriffene Stelle sofort einen Verläumdungs=
proceß gegen das Blatt anstrengen werde, denn war nur die
Hälfte der gegen dieselbe gerichteten Anklagen gegründet, so war
ein ferneres Verbleiben des bisherigen Vorstandes im Amte
eine Unmöglichkeit. Es kam aber anders, und was ich jetzt
erzähle, theile ich dem verehrten Leser eben so im Vertrauen
mit, wie es mir und tausend andern Menschen im Vertrauen
mitgetheilt wurde. Ich übernehme nicht die geringste Bürg=
schaft dafür und bitte Jedermann freundlichst, es ja nicht weiter
zu erzählen:

Man sagt, der Redacteur des betreffenden Blattes sei
eines schönen Tages zu einer hohen Persönlichkeit gerufen wor=
den, man sagt, daß ihm dort Geldanerbietungen nicht unbe=
deutender Art gemacht worden seien, wenn er die scandalösen
Artikel abbräche, man sagt, der Redacteur habe die gebotene
Geldsumme rundweg abgeschlagen, wohl aber sich bereit erklärt,
die Artikel abzubrechen und namentlich nichts über eine gewisse
Reise eines vornehmen Herrn, die möglicherweise noch in den
Fortsetzungen hätte kommen können, zu bringen, wenn die bis=
her erschienenen Artikel endlich an die Adresse kommen würden,
für welche sie vorzugsweise geschrieben waren. Das wurde zu=
gesagt und gehalten, und wenige Wochen später kam die Nach=
richt, daß in der Leitung des Stuttgarter Theaters eine totale
Aenderung eingetreten sei.

Jetzt regnete es Conjuncturen, wer der Nachfolger des Herrn von G.... werden würde. Ebenso wie man in gewissen Intervallen liest, daß Herr K., der verdienstvolle Bühnenschriftsteller, als Dramaturg an die Münchner Hofbühne gerufen sei, und noch niemals irgend ein vernünftiger Mensch dort an diese Berufung gedacht hat, ebenso las man jetzt in allen möglichen Zeitschriften, daß Laube's furchtbarer Feind, Herr Rudolf Gottschall, an das Stuttgarter Theater als Chef berufen sei, in Stuttgart selbst wußte aber kein Mensch etwas davon. Man nannte noch mehr Candidaten, aber den richtigen, mit dem doch schon eifrige Unterhandlungen gepflogen worden waren, den nannte man nicht.

Nun saßen wir, d. h. Franz Wallner, der prächtigste der Menschen und Theater-Directoren, und meine Wenigkeit an der Table d'hôte des Hotels d'Inghilterra in Rom und waren schon beim Dessert angelangt und dachten und sprachen nichts Böses, am allerwenigsten aber vom Theater oder gar vom deutschen Theater, da kommt unser verehrter Freund Herr Alfred Blume, der Mann der genialen Bianca Blume, damals — es war im November vorigen Jahres 1869 — die beliebteste Primadonna, der Stolz der italienischen Oper in Mailand wie in Rom, (über das liebenswürdige Ehepaar findet der Freund deutscher Kunst mehr im 6. Bändchen von „Vor und hinter den Coulissen") um uns zum gewohnten Abend-Clubb im Café del Greco abzuholen. Er macht schon in der Thüre eine wichtige Miene und ruft uns entgegen: „Ich bringe eine interessante Neuigkeit, die Stuttgarter Intendanz ist vergeben, rathen Sie einmal, an wen?"

Wir nannten natürlich das ganze Namensregister der bekannten Candidaten herunter, aber immer schüttelte Alfred Blume den schönen Kopf und sagte endlich: „Sie errathen's doch nicht, ich will's Ihnen lieber sagen, Feodor Wehl in Hamburg ist der neue Intendant."

„Darauf trinken wir gleich ein Glas Wein" rief ich erfreut, „denn nichts kann einem anständigen Menschen eine größere Freude machen, als wenn das lang verkannte Verdienst eines braven Mannes endlich den richtigen Wirkungskreis und die verdiente Anerkennung findet."

„Bitte, welchen Platz nahm der Herr bisher in der deutschen Literatur ein und was für eine Art Mensch ist er eigentlich?" fragte ein zu unserer Gesellschaft gehörender Maler, dessen Name in Rom zu den gefeiertsten gehört. „Sie werden diese Frage bei einem Menschen, der, wie ich zwanzig Jahre in Rom lebt und nur hin und wieder auf Wochen nach Deutschland gekommen ist, gewiß entschuldbar finden, umsomehr als Sie sich selbst ja erst gestern so laut über den Mangel an deutscher Literatur, den wir hier haben, beklagten. Ich erinnere mich, daß ich den Namen wohl schon in Journalen gelesen habe, wo ich aber den Menschen so eigentlich hinthun soll, weiß ich nicht."

„Es ist das sehr begreiflich," sagte Herr Blume, „da Wehl gerade so recht eigentlich zu den Menschen gehört, die sich niemals vordrängen und die man recht sehr suchen muß, wenn man sie verstehen will."

„Wenn es den Herren recht ist, so kann ich Ihnen über den neuen Regenten der Stuttgarter Hofbühne mehr erzählen," nahm ich das Wort, „ich habe seine persönliche Bekanntschaft erst diesen Sommer in Hamburg gemacht."

„Ich war damals beim alten Marr zu Tisch eingeladen und wir drei: Marr, der ewig junge, frische, unverwüstliche, an dem die Jahre vorüberfließen und dem das Alter nichts anhaben kann, seine liebenswürdige, geistreiche Frau, und meine

Wenigkeit, wir plauderten von diesem und dem und ich rühmte gerade, wie dieselbe Hand, die streitfertige Kritiken, tiefbedeutsame Abhandlungen und brillante Dramen schreibe, auch so vortreffliche Ragouts bereiten könne, als die verehrte Freundin, die zu den wenigen Damen gehört, die keine Complimente vertragen können, augenscheinlich um dem Gespräch eine andere Richtung zu geben, fragte: „Waren Sie schon bei Feodor Wehl?"

Ich verneinte überrascht und fragte zugleich, was ich, der ich den Schriftsteller gar nicht kenne, bei ihm solle. „Das ist eben das Leid," meinte die Freundin, „daß Ihr Herren Euch nicht Alle persönlich kennt, ich sehe z. B. in dem Schriftsteller-Vereine nur den Nutzen, daß alle die Herren, die am großen Webstuhl des Gedankens arbeiten, sich persönlich kennen lernen. Man verliert so manche schroffe, einseitige Ansicht, man macht so manche angenehme, für's Leben erfreuliche Bekanntschaft unter gleichstrebenden Menschen, man blickt in so manche Verhältnisse hinein, die interessant sind, man tritt in neue Kreise" —

„Und in Coterien hinein, aus denen man besser wegbleibt" — brummte der alte Marr dazwischen, der für alle derartigen Erscheinungen eine sehr lebhaft ausgesprochene Antipathie hat.

„Ganz gleich, man kann nicht gezwungen werden, in eine Coterie zu treten, die einem nicht convenirt," sagte die Freundin, „Sie aber gehen zu Wehl, für den ich Ihnen ein paar Zeilen mitgeben will."

Und richtig, am andern Morgen schon saß ich auf einem der Miniaturdampfer, die beständig zwischen Hamburg und Uhlenhorst hin und her fliegen. Wie reizend die Alster und namentlich die Außenalster ist, brauche ich Ihnen nicht zu schildern, denn Sie waren alle in Hamburg. Genug, wir kamen nur zu schnell in der Niederlassung der Millionäre an, und ich bekam schon von vornherein gewaltigen Respect vor einem Schriftsteller, der sich hier unter allen den schwerwiegendsten Geldfürsten Hamburgs ansiedeln konnte. Einigermaßen verminderte sich mein Erstaunen doch, als ich immer weiter und weiter vom Wasser weg in eine unendlich lange Straße kam, die schließlich ganz auf's Land hinausführte. Die landschaftlichen Reize waren verschwunden, die Straße war nur auf einer Seite mit Häusern bestanden, vor denen kleine Gärtchen waren, die Aussicht über weite Wiesen und schöne Getreidefelder mochte für einen Oekonomen viel Erfreuliches haben, mein süddeutsches Auge, das unter einer schönen Aussicht immer Gebirge und See begreift, konnte sich nicht daran erquicken.

Das letzte Haus trug endlich die gesuchte Nummer. Ich wurde von einem netten Hamburger Dienstmädchen in ein Zimmer geführt, und bedeutet, dort zu warten, Herr Dr. Wehl werde gleich kommen.

Daß der Bewohner dieses Zimmers vom Handwerk war, sah ich sofort. Es sah da eben so aus, wie bei mir, dieselben Haufen von Zeitungen auf dem Boden, dieselben Massen von Büchern in den Regalen, dieselben Bilder von Künstlerinnen an den Wänden.

Endlich kam der Schriftsteller selbst. Ein Mann von Mittelgröße, ein kluger, schön geformter Kopf, in dessen Haaren sich schon hin und wieder Silberfäden zeigten, die Haltung etwas reservirt, und trotz aller durch den Empfehlungsbrief hervorgerufenen Herzlichkeit etwas gedrückt, so trat Feodor Wehl mir entgegen. Wir hatten manchen Berührungspunkt mit einander, ich kannte natürlich seine sämmtlichen Sachen, er hatte Einiges von mir gelesen und sprach sich freundlich darüber aus. Ebenso wie Schauspieler, die, sie mögen anfänglich von Politik oder Börse, oder wer weiß was sprechen, unfehlbar in einigen Mi=

nuten auf die Komödie gekommen sein werden, so auch Schrift=
steller, es sei denn, was wohl sehr selten vorkommt, daß die
Bühne ganz außerhalb des Kreises ihrer Thätigkeit liege. So
waren auch wir denn bald beim Theater und bei der schweren
Aufgabe des Kritikers. Wehl sprach darüber goldene Worte, die
mir zeigten, wie ernst und heilig er seine Pflichten nehme, war
er ja doch zur Zeit fast der einzige Kritiker Hamburgs, dem
man keine Bestechlichkeit vorwerfen konnte und dessen Name
stets der Verläumbung unantastbar geblieben.

In demselben Grade aber, wie er die Pflicht der Kritik
ernst und schwer auffaßte, that er dieses beim Künstler selbst,
die größten Anforderungen stellte er aber an den Bühnenlenker,
namentlich aber an die Vorsteher solcher Institute, welche die
Privatspeculation ausschließen, die höchsten Aufgaben der Erziehung
und Bildung zu erfüllen hätten. —

„Er wird ja sehen, wie seine vorgesetzte Behörde in Stutt=
gart nicht nur die Erfüllung der höchsten Aufgaben der Erzie=
hung und Bildung von ihm verlangt, sondern auch Cassenresul=
tate, und die Beiden gehen selten Hand in Hand," sagte Blume.

„Alles zugegeben," fuhr ich fort, „ich nahm von dem
Besuche ein recht erfreuliches Bild eines ernsten, geschlossenen
und gediegenen Strebens mit mir fort und ich glaube, wenn
sonst die Verhältnisse danach angethan sind, einem solchen Stre=
ben Raum zu geben, daß Feodor Wehl in Stuttgart Erprieß=
liches leisten wird. Die Herren von der Komödie wollen nur
keinen Schriftsteller dulden, und es ärgert sie, wenn einer
Intendant wird, der nicht hinter den Coulissen, sondern vor
denselben sich seine Theaterkenntniß geholt."

„Liebster Freund, wem sagen Sie das!" lachte Blume
gutmüthig. „Ich gönne jedem Menschen alles Gute, weshalb
soll ich also einem braven Mann, einem genialen, achtungs=

werthen Schriftsteller etwas Unheilvolles gönnen. Wehl hat mir nie etwas zu Leide gethan und ich bedauere ihn aufrichtig, denn lieber Steine klopfen, als Hoftheaterintendant sein. Hätte ich die Wahl, so würde ich allemal — — —"

„Keines von Beiden wünschen," sagte Wallner lachend. „Kinder, sprechen wir nichts mehr vom Theater hier im heiligen Rom, wie viel Bischöfe sind heute angekommen und was gibt's denn heute in der Argentina Neues?"

„Sprechen wir nichts mehr vom Theater!" lachte der Maler, „und dann, was wird heute Abend gegeben, wie reimt sich das zusammen?"

Und lachend brachen wir auf, um langsam über den Corso nach der Argentina zu schlendern, wo am selben Abend uns Signora Bianca Blume als Lady Macbeth entzückte.

# Inhalt.

Clara Ziegler ................................
Wiener Croquis Nr. 1. — Beim kleinen Löwy ............
Wiener Croquis Nr. 2. — Die neue Welt in Hietzing .......
Die Gelehrten der fliegenden Blätter ....................
Therese Krones rediviva ..............................
Eine Kunstreise mit Hindernissen .....................
Ein neuer Intendant. (Feodor Wehl.) ...................

Druck v. Hirschfeld in Wien.